법정으로 간 정신과 의사

법정으로 간 정신과 의사

정신감정과 심신미약에 관해

우리가 알아야 할 최소한의 교양

차승민 지음

아몬드

머리말

‘또 심신미약 타령이냐’는 질문 앞에서

첫 책을 출간한 뒤 과분할 정도의 관심을 받았다. 언론 인터뷰부터 라디오 출연, 학교나 공공기관에서의 강연 초청까지 다양했는데 그중에서도 가장 인상적이고 내 삶에 오래도록 기억에 남은 장면은 단연 독자들과 만나는 자리였다. 독자들은 국립법무병원(치료감호소)이 하는 일부터 그곳이 왜 필요한지, 범죄 자체는 비난받아 마땅하지만 그것이 정신질환에 의한 것이면 ‘치료’가 우선이라는 점을 내 생각보다 더 깊게 수긍하고 받아들여 주었다. 독자와 만나며 나는 그들의 깊은 이해력과 공감 능력에 감동하기도 했지만, 한편으로는 열 중 여덟아홉은 비슷한 질문을 던지는 것에 주목하게 됐다. 사람들은 유독 ‘술을 마신 사람도 심신미약이 맞는지', '조현병 환자가 범죄를 저지르면 모두 심신미약 처분을 받는지', '정신감정이란 게 프로파일링과 같은 것인지', '심신미약을 받으려고 일부러 속이려 드는 환자를 어떻게 알아보는지', '사이코패스를 정신감정할 때는 어떤 생각이 드는지' 등 정신감정에 관한 질문을 자주 던졌다.

국립법무병원은 범법 정신질환자를 수용하고 치료하는 기관인 동시에, 형사정신감정을 수행하는 곳이다. 즉 형사정신감정은 치료감호소의 두 가지 주된 기능 중 하나다. 첫 책 《나의 무섭고 애처로운 환자들》에서 그동안 잘 알려지지 않았던 국립법무병원의 존재를 소개하고 첫 번째 기능에 관한 이야기를 주로 다루었기에, 혹시 내가 두 번째 책을 쓴다면 정신감정, 특히 '형사정신감정'에 관한 것이어야겠다고 막연히 생각했던 적이 있다. 그런데 독자와 만난 자리에서 자주 나오는 질문을 들을 때마다 나는 내 결심을 굳히게 됐다.

누군가는 그런 질문을 할 수도 있다. '정신감정이나 심신미약 같은 주제는 내 삶과는 다소 거리가 있어 보이는데 왜 이 책을 읽어야 하느냐'고. 그 질문에 명확한 답을 하기란 솔직히 쉽진 않지만, 매일 뉴스에 등장하는 사건을 볼 때마다 나는 이 책이 필요한 책이라는 점을 자주 떠올린다.

불과 얼마 전에 벌어진 끔찍한 사건이 가까운 예다. 2023년 4월 어느 화창한 토요일 오후에 대전에서 60대 남성이 만취 상태로 운전해, 인도를 걷던 초등학생 4명을 차로 치였다. 이 소식을 듣고 충격을 받지 않은 사람은 아무도 없을 것이다(4개월 전 서울 강남에서 판박이처럼 비슷한 사건이 벌어졌다는 점에서 더욱 아연실색하게 된다). 대낮에 평화롭게 걸어가고 있던 아이들이 그렇게 어이없는 사고를 당했다는 것이 믿기지 않았다. 게다가 사고가 난 장소가 아이들과 함께 자주 걸어 다니던 동네였기에 더욱 마음이 무거웠다. 사고 당시 심정지 상태였던 아이가 결국 사망했다는 소식이 전해지자 사람들은 분노를 금치 못했다.

이 사건을 지켜보던 내 주변 사람들은 격앙된 슬픔과 울분을 토하면서도 하나같이 가해자가 술 먹고 기억나지 않는다며 책임을 회피하려 드는 건 아닐지 걱정했다. 나아가 심신미약으로 혹시 감형이라도 받으면 정말 화가 날 것 같다, 굳이 왜 심신미약 제도가 필요하냐는 얘기를 하는 사람도 많았다.

사실 이런 걱정은 이번이 처음은 아니다. 과거 조두순 사건부터 이번 음주운전 사건까지 술을 먹었기 때문이라며 혹은 정신질환을 핑계로 자신의 잘못을 회피하려는 사람을 수도 없이 만났기 때문이다. 이는 비단 강력범죄에만 해당하는 얘기는 아니다. 정치인이 공황장애나 우울증을 핑계로 꼭 출석해야 하는 재판이나 조사에 나가지 않거나 국회의원이 국회에 결석하는 일들을 종종 보게 된다. 이들의 핑계도 바로 정신질환에 의한 '심신미약'이다.

상황이 이러하니 뉴스를 볼 때마다 '이번에도 또 심신미약이냐'며 조롱하고 분노하는 것도 납득이 간다. 그러나 어쩌면 심신미약 처분에 관해 '피로감'을 호소하는 이 현상이, 그만큼 정신감정과 심신미약이 우리 가까이에서 일상에 영향을 미치고 있음을 방증하는 것 아닐까?

앞으로 차분히 살펴보겠으나, 분명한 것은 정신감정이 범죄자의 감형이나 회피에 정당성을 부여하기 위해 만들어진 제도가 아니라는 점이다. 나는 지난 5년간 국립법무병원에서 230건 넘는 형사정신감정을 진행했다. 정신과 의사 이전에 사람인지라 나도 술 때문에 혹은 정신질환 때문에 기억이 나지 않는다며 뻔뻔하게 구는 피감정인을 만나면 화가 났다(그러나 피감정인과 감정의사라는 관계의 특수성 때문에 결코 앞에서 화를 내거나 기분 나쁘다는 티를 내지는 않았다). 실제로 정신감정을 나쁘게 이용하려 드는 사람도 많다. 그러나 그렇다고 정신감정이 아예 가치가 없는 것이라거나 심신미약 제도 자체가 없어져야 한다고 생각하지는 않는다. 정확한 정신감정이야말로 나쁜 사람과 아픈 사람을 구분하기 위한 가장 중요한 시작점이라는 생각에는 변함이 없다.

이 책은 정신감정이 실제로 어떻게 이루어지며, 누가 심신미약 판정을 받게 되는지를 알아주었으면 하는 마음에서 시작됐다. 또 강력범죄 사건이 터질 때마다 도돌이표처럼 반복되는 '이번에도 심신미약 타령이냐'를 보면서 전문가 입장에서 나름 올바른 판단을 내리도록 관련 지식과 정보를 제공하고자 노력했다.

우선 정신감정이란 무엇인지, 정신감정은 어떤 과정을 거쳐 이루어지는지, 정신감정에서 내린 심신미약이나 심신건재, 심신상실 등의 판정이 재판에서 어떻게 활용되는지 자세히 기록했다. 그리고 앞서 독자들이 던진 질문들, 특히 정신감정을 바라보는 여러 오해와 편견 들에 관해서도 최대한 성실히 답했다. 특히 프로파일링과 정신감정이 어떻게 같고 다른지, 정신감정을 할 때 작정하고 의사를 속이려 들면 어떻게 대처하는지, 술에 취한 사람들이 저지른 범죄가 왜 심신미약으로 감형을 받는 것이 쉽지 않은지 그 이유들을 찾아볼 수 있을 것이다.

또 조현병부터 우울증과 조울증, 자폐와 치매 등 각각의 정신질환별로 정신감정이 어떻게 이루어지는지 실제 감정한 사건들을 사례로 들어 구체적으로 설명했다. 사이코패스나 변태성욕장애, 술 등으로 인한 범죄를 저지른 사람을 정신감정한 이야기도 실려 있다. 이 사례들을 통해 같은 정신질환을 앓았더라도 어떤 경우에는 심신미약이지만, 어떤 경우에는 심신미약 판정을 내리지 않는지도 알 수 있을 것이다. 한 가지 당부하고 싶은 것은, 이 사례들은 내가 경험한 일부의 사례라는 점이다. 정신감정과 심신미약에 관해서는 여전히 논란이 되고 있는 영역이 분명 있으며 사회적 합의와 논의를 거쳐 표준적 기준을 마련해야 한다는 점도 일러두고 싶다.

정신의학에서 정신감정은 여전히 비주류 분야다. 정신건강의학과 전문의라고 할지라도 국립법무병원에 근무한 경험이 없다면 형사정신감정을 접할 기회가 거의 없기 때문이다. 법을 하는 사람에게도 정신질환에 의한 범죄는 주된 관심 분야가 아니다. 그래서 교과서 저 구석의 한 부분 정도로 학기가 끝날 때쯤 후루룩 훑고 넘어간다는 이야기를 모 대학 법학과 교수님께 들은 기억이 있다. 그러나 형사정신감정은 정신의학의 눈과 법학의 눈을 모두 필요로 한다는 점에서, 두 영역 전문가들에게 조금만 더 관심을 가져달라고 부탁드리고 싶다. 이 책이 작게나마 마중물이 된다면 영광이겠다.

정신감정에 관한 책을 준비하던 2021년 말, 아쉽게도 국립법무병원을 그만두었다. 모든 직장인은 마음 한쪽에 사직서를 품고 일을 한다는 말을 누가 했던 것처럼, 나도 그랬다. 첫 책 맺음말에도 적혀 있듯 “과연 언제까지 이 일을 할 수 있을까”를 매일 고민했다. 결국 5년여의 시간을 보낸 뒤 그곳을 떠나왔지만, 나는 그동안 일했던 기억들을 차마 잊기 전에 정신감정에 관한 글을 마무리해야겠다고 생각했다. 이 책은 그렇게 여러 필요와 요구가 만나 탄생한 책이다.

책에는 모두 내가 직접 만나서 감정을 진행했거나 들었던 사람들에 관한 이야기를 실었다. 아마 이름이 공개된 사건은 내 책뿐 아니라 언론에서 이미 많은 내용을 접했을 테지만, 나는 철저히 감정하는 정신과 의사 입장에서 다뤘다. 공개되지 않은 사건들은 피감정인과 피해자를 특정할 수 없도록 이름을 익명으로 했고 사건 내용 또한 각색했다. 첫 책을 쓰면서도 비슷한 생각이었지만, 범죄를 저지른 사람들이라 하여도 타인의 삶의 일부를 책에 적는 것에서 큰 부담을 느꼈다. 무엇보다 이 책에 등장한 이야기들이 피해자에게 상처가 되지 않았으면 하는 바람이 컸다. 또한 정신질환을 안고 사는 피감정인들에게 보이지 않는 낙인을 씌우는 일이 되지 않기를 간절히 바란다.

마지막으로 '정신과 약을 먹고 있어서, 조현병 때문에'라고 호소하는 범죄자의 변명을 보느라 화를 내던 사람이 이 책을 읽은 후, 조금 새로운 관점에서 뉴스를 들여다 볼 용기를 내주었으면 한다. 이 책이 단 한 사람에게라도 그런 '보류'의 단서로 작용한다면, 더 바랄 것이 없겠다.

차례

1

정신감정이란 무엇인가

인간의 마음 상태, 정신은 눈에 보이지 않는다. 보이지 않아서 오히려 더 궁금하다. 저 사람은 어떤 사람일까? 왜 저렇게 행동할까? 지금 무슨 생각을 하는 거지? MBTI가 이토록 열광적인 호응을 얻는 이유는 자기 자신과 타인의 마음을 알고 싶어 하는 사람들의 보편적이고 본능에 가까운 정서를 반영하는 것으로 봐도 무방하다.

정신감정이란 정신의학 측면에서 개인의 심리(정신) 상태가 어떠한지 판단하는 행위를 말한다. 이러한 정신감정은 대다수가 궁금해하는 인간의 마음속 상태를 알려준다는 점에서 사람들의 흥미를 자극한다.

실제로 인터넷 검색창에 '정신감정'이라는 단어를 입

력하면 MBC에서 방영한 예능 프로그램 〈무한도전〉에서 출연자들의 심리 상태를 분석한 에피소드가 나온다. 당시 해당 방영분은 꽤 인기를 끌었는데, 주요 내용은 정신과 전문의가 출연자들의 일상생활을 촬영한 영상과 웩슬러 지능검사 결과 등을 토대로 심리 상태를 설명해주는 것이었다. 물론 예능적 요소를 많이 가미하긴 했으나 정신감정이 무엇인지 대략 엿볼 수는 있다.

흔히 정신과 의사는 상대방과 몇 마디 말만 나눠도 그 사람의 심리 상태와 성격을 단박에 파악할 수 있을 거라고들 생각한다. 언젠가 나도 친구에게 '너는 사람을 만나면 몇 분 만에 어떤 사람인지 다 알 수 있느냐'는 질문을 받은 적이 있다. 그때 나는 농담 반 진담 반으로 우선 진료비부터 내라고 했다.

사실을 말하자면 몇 마디 대화로 그 사람을 온전히 파악할 수 있는 의사는, 내가 알기론 없다. 혹여 그렇게 말하는 사람이 있다면 조심하라고 일러두고 싶다. 더구나 정신과 의사도 '직업'인지라 진료실에서는 일로 환자를 만나 여러 차례 면담하며 병리적 요소와 성격 등을 파악하지만 사석에서는 일하지 않는다. 직장인이 대부분 퇴근 후 친구와 함께하는 사적인 술자리에서 일 얘기를 멀리하는 것과 같은 이치다.

〈무한도전〉 출연자들은 유명한 연예인이라 이미 공개된 정보가 있긴 하지만 정신과 전문의는 그들의 일상생활을 살펴보고 심리검사로 얻은 자세한 정보를 바탕으로 심사숙고해 결론을 내렸다. 이는 결코 몇 분 만에 사람을 파악할 수 없음을 의미한다. 재미로 하는 정신감정도 이러한데 하물며 공적인 자료로 쓰이는 경우엔 어떠하겠는가? 당연히 그 과정은 더 치밀하고 무겁다.

정신감정은 크게 형사정신감정과 민사정신감정으로 나뉜다. 형사재판에서 요구하는 경우엔 형사정신감정으로, 민사재판에서 요구하는 때는 민사정신감정으로 부른다.

정신과 의사는 보통 수련 과정 중 민사정신감정을 한두 건 이상 경험한다. 정신감정은 정신과 전문의 수련 중에 거쳐야 하는 필수 과정인데 그들이 수련하는 대학병원이나 종합병원 정신과에서는 주로 민사정신감정을 진행하기 때문이다.

민사재판에서 정신감정은 대부분 성년후견인을 정하거나 의료사고 분쟁이 있을 때, 민간보험에서 손실률을 따질 때 진행한다. 이때는 흔히 정신의학상의 권리·의무 능력, 적정한 재산 처분·관리 능력 등의 지장 정도를 어디까지 인정하느냐를 평가한다.

형사정신감정은 형사재판에서 피의자가 범법 행위에 어느 정도 책임능력이 있는지 판단할 필요가 있을 때 진행한다. 책임능력이란 피의자가 범죄를 저질렀을 때 그 행동을 책임지기 위해 벌금을 내거나 교도소에 가야 하는지, 교도소에 간다면 어느 정도 형량을 받아야 하는지 정하는 것을 말한다. 다시 말해 책임능력이 있는지, 없는지 아니면 남들보다 미약한지 판단하는 데 필요한 자료를 얻고자 형사정신감정을 한다.

심신미약이면 무조건 감형받을 수 있을까

근대 형법은 개인이 자기 행위를 책임질 수 있는 경우에만 형사처벌 대상이 된다는 것을 전제한다. 다시 말해 자유롭게 스스로 의사결정을 할 수 있고 사회통념에 따른 옳고 그름을 이해하는 사람이 법을 위반하는 경우 처벌 대상이 된다. 책임능력이 없거나 미약한 심신장애자는 처벌받지 않거나 처벌 내용이 달라진다.

근대 형법의 전제에 따라 제정한 대한민국 형법에도 심신장애자 관련 규정이 존재한다. 형법 제10조 제1항은 "심신장애로 인하여 사물을 변별할 능력이 없거나 의사를 결정할 능력이 없는 자의 행위는 벌하지 아니한다"라고 명시하고 있는데, 형사정신감정 관점에서 이는 '심신상실'에 해당한다. "심신장애로 인하여 전항의 능력이 미약한 자의 행위는 감경할 수 있다"라고 명시한 제10조 제2항은 형사정신감정 입장에서 '심신미약'을 뜻한다.

사실 제2항은 역사의 흐름에 따라 변화를 겪어왔다. 1953년 10월 18일 형법을 처음 만들었을 때는 "감경할 수 있다"가 아니라 "감경한다"라고 명시했다. 그런데 2008년 미성년자를 강간했음에도 술을 먹었다는 이유로 심신미약을 인정받아 형을 감경받은 '조두순 사건' 이후, 심신미약이라 해서 무조건 형을 감경해야 하는지를 두고 논란이 거세게 일었다.

결국 성폭력특별법에 아동성폭력 범죄의 경우 음주나 약물에 따른 심신미약이라면 감경하지 않도록 부칙을 넣었고, 2018년 벌어진 서울 강서구 PC방 살인 사건으로 그해 12월 8일부터는 일반 범죄에도 심신미약의 의무 감경을 폐지했다. 이 일련의 사건들 때문에 심신미약이라 해서 무조건 형을 감경하는 일은 사라졌다.

제10조 제3항은 "위험의 발생을 예견하고 자의로 심신장애를 야기한 자의 경우에는 전2항의 규정을 적용하지 않는다"라고 명시하고 있다. 이는 약물을 투여하거나 술을 마신 뒤 저지른 범죄의 경우 약물과 술을 '스스로 원해서' 사용한 것으로 보고 심신장애를 적용하지 않는다는 의미다. 아무리 기억나지 않아도 술에 취한 사람이나 불법 약물을 투여한 사람이 저지른 범죄라면 형을 감경하지 않는 것이다.

형사정신감정과 민사정신감정은 모두 정신장애 여부를 아는 게 중요하다. 여기서 한 가지만 짚어보자. 과연 심신장애와 정신장애를 같은 개념으로 봐도 괜찮을까? 형법에서는 의미가 같은 용어로 사용한다. 그러나 형법상의 정신장애와 정신의학 관점에서의 정신장애는 분명 의미가 다르다. 설령 정신의학 측면에서 정신장애가 있어도 그 자체만으로 형을 감면하는 사유가 되지는 않는다. 이렇듯 같은 용어를 사용해도 정신과 의사와 법률가 사이에는 해석의 차이가 존재한다.

법과 정신의학의 관계

정신의학의 역사에서 정신감정은 그다지 관심 있던 분야는 아니었다. 18세기 말까지만 해도 정신의학은 광인狂人을 수용하는 개념에 지나지 않았고, 19세기 말에도 타당한 근거 없이 온갖 치료법을 자행하는 인권 유린의 온상이었다. 클로로프로마진⬠이라는 약물이 등장해 치료법에 혁명을 불러일으킨 20세기 중반에 이르러서야 정신병원은 수용소가 아닌 병원 개념으로 바뀌었다.

정신이상에 따른 책임능력 유무를 따지는 정신감정

⬠ 최초의 항정신병 약물.

역시 19세기 이전까지는 제대로 이뤄졌다고 보기 어렵다. 당시에는 정신과 전문의가 아니라 수용소 의사나 교도소에 근무하는 의사가 피의자의 정신이상 여부를 진단했다.

그러다가 19세기에 들어서면서 정신과 의사에게 조금씩 법적 역할을 주기 시작했다. 특히 당시 영국 런던에서는 정신질환자의 책임능력을 묻는 재판에서 정신과 의사에게 조언을 구하는 일이 6배나 증가했다. 이것이 정신감정의 시초라 할 수 있다. 이후 영국과 미국의 의과대학들은 법의학, 법정신의학을 의사가 반드시 수련해야 하는 전문 영역으로 인식했다. 나아가 모든 법의학 강의에 '정신이상'을 포함시켰으며 관련 연구도 꾸준히 진행했다.

정신질환에 따른 책임능력을 판단할 때 정신과 의사가 하는 역할은 피의자가 범죄를 저지른 시점의 '생물학적 심리 상태'를 파악해 책임능력 유무를 알아내는 일이다. 이 과정이 중요한 이유는 재판 중에 판사가 자의自意적으로 판단하지 않도록 과학적 사실을 제시하기 때문이다. 그렇지만 정신과 의사의 자의나 편견이 개입될 가능성도 있고, 과연 어디까지가 책임능력 미약 상태인지를 두고 여전히 의견이 분분하다.

이렇듯 법정에서 정신의학적 전문 서비스를 제공하는 과정은 논란이 많을 뿐 아니라 정신과 의사에게 부담도 안겨준다. 법과 정신의학의 관계는 역동적이다. 특히 심신미약과 감형 이슈는 시간이 흐르면서 혹은 사회적 인식이 달라지거나 관점이 바뀌면서 항상 여러 가지 의견이 오가는 논쟁의 중심에 놓여 있었다.

여전히 정신질환자의 형사책임능력을 경감해주는 것을 안 좋은 시선으로 바라보는 사람이 많은 것도 사실이다. 그러나 정신과 의사로서 분명히 말할 수 있다. 치료가 먼저고 처벌은 나중이라고. 정신질환의 증상으로 인해 생긴 범죄는 추후 예방을 위해서도 우선 치료적 관점에서 접근해야 한다. 처벌은 그다음이다.

정신감정 결과가 재판에 미치는 영향

내가 국립법무병원에서 처음 형사정신감정을 할 때 느낀 가장 압도적인 감정은 '두려움'이었다. 내 손으로 한 정신감정 결과가 피감정인의 인생에 큰 영향을 줄 수 있다는 점에서 엄청난 부담이 느껴졌기 때문이다. 혹시라도 피감정인이 환청을 숨기거나 일부러 환청이 들리는 척하는 것에 속아 진단을 잘못 내리면 어쩌지? 그렇게 잘못 내린 진단으로 적절한 처벌을 받지 않고 감형받을까 봐, 반대로 치료가 필요한 사람이 교도소로 가게 되어 치료 기회를 놓칠까 봐 두려웠다.

다행인지 불행인지 한국에서 감형 여부는 정신과 의사가 결정하지 않는다. 제출한 정신감정 결과는 재판의 여러 증거물 중 하나의 역할만 할 뿐이며 그 증거를 검토해 감형 여부를 최종 판단하는 것은 판사의 몫이다.

앞서 잠깐 언급했듯 정신감정 결과가 증거물로 작용하는 범위와 역할을 두고 정신과 전문의들 사이에 논란이 분분하다. 비교적 젊은 정신과 의사들은 지금처럼 재판에서 증거자료로만 활용하고 결정은 판사가 내리는 쪽을 더 선호하는 추세다. 내가 정신감정을 하며 느꼈던 두려움과 부담감을 생각하면 자못 이해가 간다.

하지만 오랫동안 형사정신감정을 해온 선배 정신과

의사 중 일부는 정신감정 결과가 그저 증거자료 역할만 하는 것에 불만을 토로하기도 한다. 이들은 정신과 의사의 의견을 법률적 판단보다 더 우선해서 받아들여야 정신질환자가 범죄를 저질렀을 때 제대로 치료받게 해 범죄를 근본적으로 예방하는 효과를 낸다고 주장한다. 당연히 이 의견도 타당하다. 반드시 치료가 필요해 감정서에 '치료감호 필수'를 권고해도 재판에서 받아들여지지 않아 교도소로 가는 경우가 종종 있는데, 그러면 치료 시기를 놓칠 수 있기 때문이다.

양쪽 입장이 모두 이해가 간다. 그래도 둘 중 어느 쪽인지 묻는다면 나는 의학적 판단은 의사에게, 법적 처분은 법률 전문가에게 맡겨야 한다고 답하겠다. 물론 정신과 의사가 최종 법적 처분에 도움을 줄만한 정확하고 과학적인 근거를 제시하려면 자신의 눈앞에 앉아 있는 피감정인을 정신감정할 때 철저하게 중립을 지켜야 한다. 일반 정신과 의원에서 정신과 의사에게 필요한 것은 환자 입장에서 생각하는 공감 능력과 섬세한 지지다. 반면 정신감정 영역에서는 냉정한 정신과학자 관점으로 접근해야 한다.

《법정신의학》 제2판에 따르면 가장 유능한 법정신의학자는 정신의학과 법학 언어를 모두 사용하는 "이중 언어를 할 줄 아는 사람"이라고 한다.[○] 법정신의학의 최전선에 있는 정신감정 역시 정신의학과 법학 언어를 모두 중요하게 사용해야 한다. '이중 언어를 할 줄 안다'는 것은 균형감각을 잃지 않는다는 말의 다른 표현일 것이다. 마찬가지로 정신감정은 단순히 정신질환자에게 면죄부를 만들어주는 과정이어서는 안 되는 동시에 그들에게 치료 기회를 주는 시작점이어야 한다.

어찌 보면 정신감정은 인간의 순수한 호기심과 말초적인 궁금증 덕에 관심받을 수밖에 없는 영역이라는 생각이 든다. 〈무한도전〉 정신감정 에피소드가 많은 인기를 끈 이유는 눈에 보이지 않는 다른 사람의 심리 상태를 보여주었기 때문일 것이다. 그러나 눈에 보이지 않는 것

○ 로버트 사이먼 지음, 《법정신의학》 제2판, 안동연 옮김, 시그마프레스, 2013.

을 알아내야 하기에 좀 더 신중해야 한다. 이런 이유로 정신과 의사에게 필요한 윤리 자세 중에는 연예인이나 정치인처럼 널리 알려진 유명인의 심리 상태를 두고 언론에서 함부로 평가하거나 언급하지 말라는 항목이 있다.

정신감정이나 심리 상태를 평가하는 것은 진료실 안에서 면밀한 관찰과 오랜 면담을 거쳐야만 가능한 일이다. 아무리 대중에게 잘 알려진 인물이라도 자신의 심리 상태가 가십거리로 가볍게 다뤄지는 것을 좋아할 사람은 없을 것이다.

2
프로파일링과 정신감정은 어떻게 같고 다른가

나는 추리소설을 좋아한다. 어릴 때는 셜록 홈스에 푹 빠져 나중에 홈스 같은 탐정이 되겠다고 결심하기도 했다. 사소해 보이는 단서들을 조합해 결국 사건을 해결하는 홈스의 활약은 굉장히 매력적이었다. 그런데 성장하고 보니 탐정으로 살아가는 것(정확히는 먹고사는 것)은 어릴 때의 꿈과 달리 몹시 어려운 일이었다. 현실은 말 그대로 현실이었다. 결국 나는 홈스를 그저 소설 속 캐릭터이자 선망의 대상으로 마음속에 고이 묻어두어야 했다.

셜록 홈스 이후 내 가슴이 다시 뛰기 시작한 것은 의과대학 본과 3학년 시절 정신과 실습을 하면서부터였다. 당시 햇병아리인 내 눈에 사소해 보이는 환자들의 습관과 행동과 말투로 심리 상태를 파악하고 진단을 내리는 정신과 레지던트들의 모습은 마치 (약간의 과장을 보태자면) 현실판 셜록 홈스 같았다. '드디어 내 길을 찾았구나' 하는 생각이 들었다.

그렇게 정신과 전문의가 되고 10여 년이 흐른 지금, 물론 내 모습은 상상 속 홈스와는 차이가 있지만 정신과 의사가 탐정과 비슷하다는 생각에는 변함이 없다. 환자들의 행동과 말을 보고 들으면서 눈에 보이지 않는 생각, 기분 그리고 머릿속에서 일어나는 각종 신경전달물질의 이상을 알아내는 과정은 마치 탐정의 일처럼 느껴진다.

5년 전 국립법무병원에서 처음 형사정신감정을 시작한 나는 드디어 셜록 홈스처럼 마치 퍼즐 조각을 맞추듯 범죄와 정신질환 사이의 연관성을 알아볼 수 있겠구나 싶어 마음이 살짝 두근거리기도 했다. 지금 생각하면 참으로 순진했다.

아마 예전의 나처럼 사람마다 제각각 마음속에 정신감정에 관한 이미지가 있을 것이다. 정신감정 분야가 워낙 미지의 영역인데다 아직 알려진 것도 별로 없어서 각자의 방식대로 상상하고 오해하는 건 그럴만 하다. 정확히 무엇인지 알려지지도 않아 편견마저 깊은 편이다.

정신감정에 관한 흔한 오해들

실은 내 첫 책 《나의 무섭고 애처로운 환자들》에서도 정신감정 이야기를 다룬 적 있다. 첫 책에서는 한 챕터 정도로 짚고 넘어갔는데 정신감정은 국립법무병원에서 행하는 주된 기능 중 하나일 만큼 중요한 부분이다. 게다가 내가 책 이야기를 하러 어딘가를 갈 때마다 독자들이 정신감정에 관한 질문을 어김없이 던졌다. 정신감정이란 무엇인가, 정신감정할 때 어떤 기분이 드는가 등의 질문은 기본이고 심지어 같은 정신과 의사들조차 흔하게 접하지 못하는 반사회적 성향을 드러내는 범죄자를 대체 어떻게 정신감정하는지 궁금해했다. 그런 질문을 받으면서 나는 사람들에게 정신감정에 관해 몇 가지 편견이 있음을 깨달았고 정신감정을 주제로 책을 써야겠다고 마음먹게 됐다.

내가 많이 받은 질문 중 하나는 정신감정을 하러 오는 피의자들이 일부러 아픈 척하며 속이려 들지 않느냐는 것이었다. 이것은 반은 맞고 반은 틀리다. 물론 정말 나쁜 사람은 어떻게든 아픈 척한다. 술을 먹어서 기억나지 않고, 너무 흥분한 나머지 나도 모르게 상대방을 찔렀고, 화가 나서 충동을 제어할 수 없었고 등등 오만 가지 이유를 댄다.

이 정도 아픈 척은 양반이다. 제일 화가 나는 경우는 정신질환이 있는 척할 때다. 이때 가장 많이 하는 거짓말은 "환청이 들려요"다. 이를테면 이상한 소리 때문에 신경이 쓰여 자신도 모르게 상대방을 칼로 찔렀다고 말한다. 실제로 이런 이야기를 들으면 아무리 정신과 의사라도 '정말로 환청이 들리나?' 하고 당장은 헷갈릴 수밖에 없다. 이럴 때 빛을 발하는 것이 진짜 정신질환자를 치료해 본 경험이다.

정신과 의사를 속이기 어려운 이유

우리나라의 정신과 의사는 4년간 전공의 수련 과정을 거친다. 인턴 1년을 마치고 3월에 갓 1년 차 전공의가 된 시점에는 그저 미숙할 따름이다. 2월 28일까지 능숙한 인턴

이던 사람들이 3월 1일부터 또다시 새내기 전공의가 되는 것이다. 이 신분 변화는 대학병원 생활의 묘미 중 하나다. 그래서 3월에는 대학병원에 가지 않는 것이 좋다고 농담하기도 한다. 새 인턴, 새 전공의가 다소 어리바리할 수 있어서다.

새로 정신과 전공의 1년 차를 시작하면 정신과 질환 중 가장 먼저 조현병을 접한다. 1년 차 전공의 때부터 조현병 환자를 주로 보는 이유는 조현병을 통해 매우 다양하고 전형적인 정신질환 증상을 배울 수 있기 때문이다. 조현병에서는 흔히 말하는 '미친 사람'처럼 보이게 만드는 환청, 환시[○] 등 여러 환각 증상과 망상적 사고뿐 아니라 의식, 기분, 사고 내용, 사고 과정에서 사람이 보일 수 있는 온갖 정신질환 증상이 다채롭게 나타난다.

이런 이유로 정신과 의사는 1년 차 때 줄곧 조현병 환자의 주치의로 일한다. 4년의 수련 과정을 다 마치고 전문의 시험을 볼 때까지 '진짜' 환자들을 경험하며 정신질환

○ 실재하지 않는 것을 마치 보이는 것처럼 느끼는 환각 증상.

을 배우고 공부하고 치료하는 셈이다.

이처럼 상당히 많은 '진짜'를 충분히 경험했기에 조금이라도 어설픈 가짜를 만나면 '어라?' 하는 생각이 든다. 무엇보다 촉이 발동한다. 증상에 냉철해야 하는 의사라는 직업상 다소 비과학적인 말로 들릴 수 있으나 어쩐지 '이상한' 느낌이 들기 시작한다.

내가 만난 어떤 피의자는 면담 중에 갑자기 허공에 대고 버럭 소리를 질렀다. 아마도 환청을 들었거나 듣는 척한 것일 텐데 다수의 조현병 환자가 환청을 듣는 증상과 다른 모습이었다. 진짜 환청을 듣는 사람은, 그처럼 어색하게 갑자기 빽 소리를 지르지 않는다. 오히려 혼자 중얼중얼하는 모습을 보이는 경우가 더 흔하다. 멀쩡하게 이야기하다가 갑자기 아주 또랑또랑하게 환청을 들은 척 소리를 지르다니, 아무리 봐도 연기였다.

술에 취해 성범죄를 저지른 피의자였던 걸로 기억하는데 그 모습을 보자니 한숨이 푹 나왔다. 나는 "교도소에서 누군가의 어설픈 조언을 듣고 그렇게 해봐야 소용없습니다"라는 말을 해주고 싶었으나 꾹 참고 그 행동을 애써 무시하며 면담을 이어갔다.

그에 반해 진짜 조현병 환자는 정신감정을 하러 와서 자신은 절대 아픈 사람이 아니라고 애써 강조하는 경우가 많다. 대다수 정신과 병원에서는 주치의를 맡은 정신과 전문의를 '과장님'이라는 호칭으로 부른다. 정신과에서 일하는 의사라는 의미로 그렇게 부르는 모양이지만 사실 일반 외래 의원에서는 과장님보다 원장님, 선생님 같은 호칭이 더 흔해서 정신과 병동에 입원한 경험이 꽤 있어야 의사를 보고 자신도 모르게 '과장님'이라 부르게 마련이다.

어떤 조현병 환자가 환청을 듣고 시장에서 초고추장을 훔친 죄로 정신감정을 하러 왔다. 그가 이미 과거에 병원을 다닌 기록이 쌓여 법원에서 보내준 자료가 제법 두툼했다. 조현병 치료를 위해 여러 차례 폐쇄병동에 입원한 적도 있었다.

사건 내용이나 증상과의 인과관계를 모두 살펴보니 이 사람은 심신미약이라는 결과가 나올 수밖에 없었다. 하지만 그 환자는 면담하는 내내 자신은 아프지 않고 약을 먹은 적도 없다고 했다. 게다가 그는 첫 면담에서 나를 보자마자 자신도 모르게 '과장님'이라고 불렀다.

내가 과장인 줄 어찌 알고 '의사 선생님'도 아닌 업계 사람들만 아는 은어 같은 '과장'으로 부른단 말인가. 그는 누가 봐도 조현병 환자였다. 물건을 훔치라고 지시하는 환청에 사로잡혀 여러 번 절도를 일삼은 그는 감정 기간 내내 자신은 조현병 환자가 아니라는 말만 하다가 구치소로 돌아갔다.

이렇듯 나쁜 사람은 아픈 척해 책임지지 않으려 하고, 정작 아픈 사람은 안 아픈 척해 치료받지 않으려 하니 그것을 지켜보는 정신과 의사로서 그저 안타까울 따름이다.

프로파일링과 정신감정의 차이

정신감정에 관한 또 다른 커다란 편견은 프로파일링이 정신감정인 줄 안다는 점이다. 알다시피 범죄를 다루는 〈그것이 알고 싶다〉나 〈알쓸범잡〉 같은 TV 프로그램이 많은 사람에게 큰 호응을 얻고 있다. 그러한 프로그램에는 범인의 심리를 분석하고 알려주는 역할을 하는 전문가들이 자주 출연한다. 그들은 대개 범죄심리학자나 프로파일러(범죄심리분석관)로 대중에게 꽤 알려진 편이다. 가끔은 정신과 의사도 출연해 사건 당시 범인의 심리 상태를 설명하기도 한다. 두 영역 전문가들이 구분 없이 범죄와 심리를 분석하는 것을 보고 어쩌면 '정신감정과 프로파일링이 같은 건가?'라고 생각할지도 모른다. 그렇다면 정신감정과 프로파일링은 서로 다른 것일까? 만약 다르다면 그 차이는 무엇일까?

프로파일링은 범죄 영역에만 적용하는 개념이 아니다. 프로파일링은 개인의 심리와 행동 특성을 분석함으로써 특정 상황이나 영역에서의 행동을 예상하는 것을 뜻한다. 사회인구학 측면의 특성을 포함한 여러 변수에 따라 특정 하위 그룹으로 분류하는 것도 여기에 속한다.

예를 들어 마케팅에서는 프로파일링으로 특정 소비자 계층을 분석해 집중 공략하기도 한다. 경찰은 불심검문에서 특정 계층과 성별을 검문 대상으로 삼기도 하는데 이것 역시 프로파일링이다. 고급 매장 직원이 초라해 보이는 고객은 홀대하고, 화려한 옷을 걸친 고객에게 친절한 것도 말하자면, 프로파일링이다. 과거 학생운동이 활발하던 시절, 시위 예상 지역을 지나가는 대학생으로 보이는 젊은이들을 무조건 불법 연행한 것 또한 프로파일링을 잘못 활용한 예다.

이렇듯 프로파일링은 범죄뿐 아니라 일상생활에서도 활용된다. 특히 범죄자 프로파일링은 프로파일링 중에서도 심리학, 사회학, 범죄학 등을 기반으로 범죄자의 심리와 행동을 분석한다. 그리고 그 결과를 바탕으로 범인 추정, 범죄 유형 분류, 피의자 신문訊問 전략 수립을 지원한다. 즉, 범죄 현장에서 쓰이는 프로파일링은 일종의 '과학적 수사 기법'이다. 쉽게 말해 범죄자 프로파일링을 하는 목적은 범죄자의 정보를 잘 알아내고 그것을 이용해 진범을 잡는 데 있으며 이는 수사의 한 과정이라는 의미다.

반면, 정신감정은 수사가 아니다. 정신감정 의뢰는 어느 정도 사건의 가닥을 잡은 상태에서 피의자가 유죄라고 생각할 때 이뤄진다. 이미 유죄 여부가 얼추 가려진 상태라는 말이다. 그래서 정신감정을 의뢰할 때는 보통 피의자 신문조서○가 함께 오기 때문에 정신과 의사는 이를 참고해 사건 내용을 파악하고 피의자를 면담한다.

한번은 아들이 술에 취해 아버지가 있는 집을 방화하는 바람에 결국 아버지가 사망한 사건으로 정신감정을 의뢰받았다. 이럴 때 사건을 조사하는 사람들, 즉 프로파일링하는 경찰이나 검찰 조사관에게 중요한 것은 '살해 의도가 있었는지' 파악하는 일이다. 만약 살해 의도가 있는 상태에서 일부러 불을 질렀다면 존속살해 죄명이 붙고 의도가 없는 단순한 실수였다면 방화에 해당한다. 이 둘 사이에는 매우 큰 차이가 있다. 죄명에 따라 피의자가 받는 형량부터 다르다. 그런 까닭에 사건 담당자들은 면밀한 과학 수사로 증거를 수집하고 해당 피의자에게 살해 의도가 있었는지 없었는지 최선을 다해 밝혀내려 한다.

그러나 정신감정을 하는 정신과 의사에게는 해당 피의자의 죄명이 방화든 존속살해든 크게 관계가 없다. 정신과 의사에게 중요한 것은 사건 당시 피의자의 정신의학적 상태다. 그래서 먼저 그 사람이 사건을 저지를 때 정신

○ 수사기관이 용의자를 신문해 그 진술을 기록한 서류.

과 진단에 해당하는 병이 있었는지 고민한다.

가령 알코올사용장애 질환이 있었다면 술에 취하는 과정이 자발적이었는지 아니면 타의로 인해 어쩔 수 없는 상황이었는지, 술에 취한 상태에서 정신질환 증상이 있었는지 없었는지, 정신질환 증상이 있었다면 그것이 불을 지르게 만든 직접적 요인이었는지 등을 알아내기 위해 노력한다. 살해 의도가 있었든 없었든 피의자는 불을 질렀고 그 행동을 하기까지 정신질환 증상이 영향을 주었는지 파악하는 것이 프로파일링과 정신감정의 차이다.

치료는 복지가 아니다

물론 비슷한 부분도 있다. 프로파일링에서도 왜 그런 행동을 했는지 피의자의 심리 상태를 중요하게 알아본다. 이것이 사건의 진위를 파악하는 수사에도 꼭 필요하고 정신의학적 진단과 피의자의 형사책임능력을 알아보는 데도 중요하기 때문이다. 이렇듯 서로 닮아 보이는 프로파일링과 정신감정은 비슷한 점이 있긴 하지만 수행하는 사람도 다르고 그 의도와 구체적인 방법도 다르다.

정신감정은 워낙 베일에 싸인 분야다 보니 환상과 편견이 공존하는 듯하다. 사실 살면서 일반 시민이 정신감정을 접할 일이 얼마나 있겠는가. 심지어 정신과 의사조차 대학병원 같은 대형 병원에서 근무할 경우에나 정신감정을 경험하지 일반 개인 정신과 의원이나 만성 정신병원에서는 접할 기회가 거의 없다.

그래서 정신감정이 정확히 무엇이고 왜 하는 것인지 알기가 쉽지 않다. 때문에 정신감정에 관한 기사를 접한 보통의 시민들의 반응은 부정적이다. 범죄자를 놓아주기 위한 방편처럼 여기기도 한다.

그러나 정신감정은 생각보다 우리 일상과 맞닿아 있다. '안전한 사회'를 구축하는 일과 밀접하게 연결되어 있는 것이다. 정신감정은 그동안 치료 기회를 놓쳤던 누군가에게는 치료를 개시하는 실마리를 제공하는 단초가 된다. 이 '치료'는 그저 그 사람 개인의 복지를 위한 것이 아니다. 정말로 정신질환으로 인해 범죄를 저지른 사람이라면 증상을 개선하는 치료 자체가 사회 안전망을 구축하는 일이 될 수 있다. 물론 그가 저지른 범죄에 대해서는 대가를 치러야 한다. 이는 치료와 동시에 적절한 처벌을 받게 하면 된다. 그런 의미에서 정신감정은 범법 행위의 처벌을 결정하는 데 필수불가결한 '시작점'이다. 적어도 나는 그렇게 생각한다.

3

단 한 줄을 위해 한 달 동안 고심한다

뉴스를 보다 보면 가끔 국립법무병원이 등장한다. 좋은 일로 나오는 적은 거의 없다. 대개는 "정신질환자가 범죄를 저지른 뒤 국립법무병원(치료감호소)에 가게 되었다"는 내용의 기사다. 이때 '정신질환자', '범죄', '치료감호소'라는 자극적인 단어 뒤에 숨은 이야기는 대체로 지워진다.

나도 국립법무병원에서 일하기 전까지는 그 이면에 무슨 이야기가 있는지 알지 못했다. 지금은 안다. 그렇게 도매금으로 묶인 사람 중에는 재판을 완전히 마무리해 치료감호형을 선고받고 정신과 입원치료를 위해 온 사람도 있고, 재판 중에 혹은 재판 전에 형사정신감정을 위해 온 사람도 있다는 것을. 그 둘 사이에 무슨 차이가 있느냐고 생각할 수도 있지만 실제로는 차이가 크다.

형사정신감정을 위해 국립법무병원에 오는 경우엔 치료하러 올 때보다 짧게 머문다. 대부분 병원에서 한 달 정도 지낸다. 신분도 다르다. 아직 법적으로 완전히 형이 정해지지 않은 미결수 신분으로 피치료감호자가 아니라 '피감정인'이다. 그래서 치료감호형을 받은 사람들과 분리해서 수용한다. 한 달 동안 정신감정을 모두 마쳐도 곧바로 국립법무병원에서 치료받는 것은 아니다. 정신감정 결과를 토대로 또다시 재판을 거치는 긴 여정을 시작해야 한다.

형사정신감정은 보통 두 가지 단계에서 의뢰한다. 하나는 '수사 단계'고 다른 하나는 '재판 단계'다. 수사 단계의 정신감정은 경찰과 검찰의 수사 단계 모두에서 가능하다. 검사나 사법경찰관은 수사상 필요한 경우 정신감정을 신청할 수 있다.[⬠] 물론 독립적으로 결정해 감정을 의뢰할 수 있는 것은 아니고 판사에게 '피의자 정신감정'을 허

⬠ 형사소송법 제221조 제2항.

락받아야 한다. 정신감정을 위해 피의자를 수용하는 것은 구속과 비슷한 의미다. 피의자가 원치 않아도 해야 하는 강제성 처분이라 반드시 법원에서 감정 유치장으로 허락받아야 한다.[○]

경찰 수사 단계에서 정신감정을 의뢰하는 경우는 사실상 드물다. 정신감정 신청을 '아픈 척한다, 감형받으려고 꼼수를 부린다'는 의미로 해석해서 그런지 수사 과정에서 정신감정을 의뢰하는 일을 부담스러워하는 듯하다. 반대로 생각하면 경찰 수사 단계에서 의뢰한다는 것은 그만큼 피의자의 정신과적 증상이 심해 도저히 유치장에서 돌볼 수 없는 정도임을 뜻한다. 그래서 경찰이 감정을 의뢰한 경우에는 정신과 약물치료가 매우 시급한 상황일 때가 많다.

이럴 땐 정신감정과 약물치료를 동시에 진행한다. 법적으로 정신감정을 하면서 약물 투여가 가능하기 때문이다. 덕분에 정신감정이 끝나는 한 달 뒤에는 비교적 증상

○ 형사소송법 제173조 제1항.

이 나아져 다시 경찰서로 복귀한다. 당연히 국립법무병원에 감정을 의뢰한 경찰 입장에서는 상태가 나아진 피의자를 보고 만족해한다.

검찰 수사 단계에서도 가끔 정신감정을 의뢰하는데, 대체로 검사가 치료감호를 반드시 청구해야겠다고 결심한 경우가 많다. 치료감호형은 판사가 혼자 판결할 수 있는 게 아니다. 먼저 검사가 재판에서 치료감호를 청구해야 한다.⬠

예전에 사법연수원에서 30년 경력의 부장판사들을 대상으로 강의한 적이 있다. 그때 한 판사께서 내게 질문을 던졌다. 판사인 자신이 보기에 피의자의 증상이 꽤 심해 검사에게 치료감호를 청구하는 것이 어떻겠느냐고 했더니 지금 국립법무병원이 너무 바빠 정신감정이 어렵고 병실도 없어서 치료감호형을 청구하면 안 된다며 거절하던데 이를 해결할 방법이 없겠느냐는 얘기였다. 검사가 청구하지 않으면 판사도 치료감호형을 내릴 수 없기에 하

⬠ 치료감호법 제4조 제2항.

소연한 것이었다. 당시 나로서도 뾰족한 대답을 해줄 수 없어 못내 아쉬웠다.

국립법무병원이 의사 인력난에 허덕인 것은 하루 이틀 일이 아니다. 환자 수는 1천명인데 전문의는 5명인 상황에서 정신감정까지 해야 한다. 코로나19 당시에는 격리 병실이 부족해 더 열악했다. 이는 개인 차원에서 해결할 수 있는 문제가 아니다. 국정감사에서도 항상 지적받고 언론에서도 주기적으로 국립법무병원의 실태를 보도하지만, 쉽게 나아지지 않는다. 민간병원이 아닌 국가기관이기 때문에 시설을 확충하고 인력을 추가로 확보하는 데 세금을 사용해야 하기 때문에 이런 상황이 짧은 시간 안에 해결되기는 요원해 보인다.

지금까지 살펴본 것은 수사 단계에서 정신감정을 의뢰하는 경우다. 그러나 정신감정은 대부분 재판 단계에서 의뢰한다. 앞서 말했듯 너무 이른 시기, 특히 수사 중에 정신감정을 의뢰한 것이 언론에 알려지면 혹시라도 대중에게 비난받을 수 있기에 꺼리는 편이라 상대적으로 재판 단계에서 의뢰하는 경우가 많다.

국립법무병원에서 형사정신감정을 가장 많이 하는 이유

법원은 재판 단계에서 정신질환 범죄자를 정확히 평가하기 위해 국립법무병원 등 정신과 병원에 정신감정을 촉탁한다.[⬠] 법원에서 정신감정을 의뢰하는 경우, 구속 기간이 어느 정도 지난 상황이라 진짜 정신질환이 있는 사람도 증상이 상당 부분 완화된 상태로 오는 경우가 많다. 이러면 좋을 것 같지만, 정신감정을 하는 의사 입장에서는 오히려 어려움이 더 크다.

예를 들어 알코올의존증인 사람이 범죄를 저질렀을 때는 범죄 당시 중독 혹은 금단 상태가 어느 정도였는지 파악하는 게 중요하다. 그런데 교도소나 구치소에서 일정 기간 머물며 알코올의존을 일정 부분 해독한 상태로 오면 사건 당시 어느 수준이었는지 파악하기가 어렵다. 조울증(양극성 정동장애) 역시 시간이 지나면 약물치료 없이도 조증 상태에서 저절로 회복되는 경우가 많다. 이처럼 구속 기간 중 증상이 좋아진 상태로 정신감정을 하러 오면, 과

⬠ 형사소송법 제179조의 2 제1항, 제172조 제3항.

연 그 사람이 범죄를 저질렀을 때 증상이 어느 정도였을지 판단하기가 어려워 무척 난감하다.

정신감정을 하는 병원은 법원에서 지정한다. 재판 결과에 영향을 미치는 만큼 공정하고 중립적으로 이뤄져야 하는 까닭이다. 국립법무병원은 형사정신감정을 우리나라에서 가장 많이 하는 병원이다. 국립법무병원에서만 하도록 규정한 것이 아닌데도 이곳에서 형사정신감정을 가장 많이 하는 이유는 단순하다. 많이 했고 또 익숙해서다. 일단 병동이 따로 분리되어 있고 직원들이 피의자의 특성을 잘 알고 있어서 크게 두려워하거나 부담스러워하지도 않는다.

반면 일반 대학병원이나 정신병원 같은 민간 의료기관에서는 형사정신감정이 부담스러울 수밖에 없다. 우선 법적으로 피의자 신분인 피감정인을 어떻게 대해야 할지 막막하다. 또한 감정을 위해 피의자를 따로 수용해야 하는데 대개는 이것이 여의치 못하다. 무엇보다 민간 의료기관에 입원한 다른 환자들이 범죄에 연루된 피의자와 같은 공간에 있어야 한다는 사실에 동요하고 불안해한다.

여러모로 쉬운 일이 아니다. 그래서 마치 관성의 법칙처럼 형사정신감정은 대부분 국립법무병원에 의뢰된다.

법원은 정신감정을 하는 병원은 정해주지만 감정하는 의사는 지정하지 않는다. 국립법무병원의 경우 병원장이 감정하는 의사를 정하도록 규정에 명시하고 있다. 보통 순서를 정해 정신감정 의뢰가 들어오는 대로 배정하는데, 가끔 언론의 주목을 받는 사건과 관련된 피의자를 정신감정할 때면 병원장이나 의료부장이 맡아 진행한다.

대개는 피의자를 배정받고 나서야 어떤 사건으로 온 것인지 알게 되기 때문에 배정이 복불복으로 이뤄진다고 봐도 무방하다. 피의자도 어떤 의사를 배정받을지 모르는 상태라 이는 공정성 측면에서도 바람직하다. 더러는 정신감정을 한 후 재감정을 신청하거나 다른 의사에게 정신감정을 받길 원할 때도 있다. 이 경우 첫 번째로 감정한 의사를 빼고 다른 의사들 중에서 무작위로 배정한다.

정신감정은 어떤 과정으로 이루어지는가

감정의사를 배정하고 피의자가 병동 안으로 들어오면 정

신감정을 시작한다. 입원과 퇴원 날짜는 모두 법원에서 정해준다. 국립법무병원에서 정신감정을 하는 병동은 따로 분리되어 있다. 바로 검사병동이라는 곳인데 이곳에는 오직 정신감정을 위한 사람들만 입원한다. 앞서 말했듯 이곳은 국립법무병원에서 입원환자가 가장 많고 또 환자가 가장 자주 오는 곳이기도 하다.

코로나19 이전만 해도 하루에 기본 3~4명이 입원했다. 국립법무병원에서 일하던 초기 시절, 나는 검사병동에서 며칠을 지낸 뒤 입원환자가 끊이지 않는 것을 보고 많이 놀랐다. 그 모습을 보고 민간병원 병원장들이 입원환자가 없으면 어떻게 병원을 운영하나 하고 걱정하던 얼굴이 생각나 '이곳이 민간병원이면 끊이지 않는 환자에 병원장들이 매일 노래를 부르겠다'며 직원들에게 농담했던 기억이 난다.

일단 피감정인이 오면 입출소 담당 직원은 정신감정을 담당하는 검사병동으로 도착 사실을 알린다. 곧이어 병동의 보호사가 내려와 신체검사 공간에서 피감정인의 소지품과 신체를 살펴본다. 위험한 물건을 병동 안으로

들이면 안 되기 때문이다. 특히 치료감호형을 선고받은 사람과 달리 정신감정을 받는 사람은 가끔 불구속 상태에서 오기도 하므로 집에서 위험한 물건을 가져올 가능성이 있어서 이 과정이 매우 중요하다.

신체와 소지품 검사를 마치면 피감정인은 검사병동으로 들어간다. 검사병동으로 가서도 환자복으로 옷을 갈아입으면서 다시 한번 신체검사를 한다. 그때는 좀 더 꼼꼼하게 피감정인의 몸에 상처나 수술 자국, 문신 등이 있는지 잘 살핀다. 정신질환 증상이 심한 경우 자신이 어떤 병을 앓았는지 잘 모르는 사람도 있어서 신체검사로 혹시 있을지도 모르는 질환을 살펴보는 것이다.

그 외에 문신 같은 독특한 신체 특징은 피감정인의 성격이나 살아온 배경을 묻고 추측하게 하는 단서 역할을 한다. 문신한 사람은 생각보다 많다. 간혹 문신을 반만 그렸거나 색을 반만 입힌 사람을 만나는데 왜 이렇게 반만 그렸느냐고 물으면 기상천외한 대답을 듣는 일이 많다. 가장 많이 하는 대답은 "돈이 없어서"다. 나는 문신에 색을 입히는 것이 생각보다 비싸다는 것을 정신감정을 하면서 알았다.

신체 관찰을 마치면 의사와 간호사가 피의자 면담을 한다. 의사는 보통 면담 전에 법원에서 보내준 자료들을 살펴본다. 법원에서 보내준 자료 중 가장 기본이 되는 것은 앞서 잠깐 언급했던 '피의자 신문조서'다. 피의자 신문조서란 수사기관이 수사하는 과정에서 용의자에게 출석을 요구해 신문하고 그 진술을 기록한 서류를 말한다. 쉽게 말해 경찰과 검찰에서 수사한 내용을 문답식으로 적은 기록이다.

정신감정을 할 때 피의자 신문조서는 사건 내용을 파악하는 것뿐 아니라 정신병적 증상을 유추하는 데도 소중한 자료로 쓰인다. 피의자 신문조서를 작성하는 시기는 대부분 사건이 일어난 직후라 사건 당시의 생생한 증상을 유추할 수 있어 특히 유용하다. 예를 들어 피해망상이나 환청 같은 정신병 증상이 심하면 피의자 신문조서에 확연히 드러난다. 이름을 묻는데 자신은 예수의 환생이라는 둥, 저기 있는 판사가 자기 아버지라는 둥 동문서답하기도 하고 아니면 아예 처음부터 환청에 몰두해 질문에 답하지 못하기도 한다.

과거 병력 자료도 당연히 중요하다. 하지만 안타깝게도 정신과에 입원한 적이 있어도 법원은 관련 자료를 다 보내주지 않는다. 오히려 보내주지 않는 자료가 더 많다. 이 경우 간호사와 의사가 피의자와 면담하면서 예전에 다닌 병원 이름을 알아내 공문을 보내고 자료를 요청해야 한다. 그렇게 해서 자료를 얻으면 다행이지만 보내주지 않는 경우도 많다.

이런저런 자료가 없으면 없는 대로 정신감정을 해야 한다. 다시 말해 피의자 신문조서에 적힌 기록을 보고 피의자와 세밀하게 면담하면서 사건 당시 어느 정도 증상을 보였고 또 증상이 사건과 얼마나 밀접한 관계가 있었는지 최대한 파악해야 한다.

한 달간 정신감정을 하는 까닭

입원 초기 면담을 한 차례 마무리하면 이제 각종 검사를 진행한다. 우선 엑스레이검사, 혈액검사, 심전도검사, 뇌파검사, 두뇌 MRI검사 등으로 몸 상태를 살펴본다. 신체

질환으로 생기는 2차적 정신질환을 감별하기 위해서다. 가끔은 두뇌 출혈이나 종양 같은 머릿속 문제로 인해 공격성이나 충동성을 보이기도 하고 뇌파검사에서 뇌전증 등의 질환이 나타나기도 한다. 뇌전증 환자의 경우 경련 발작 전후에 스스로 의식하지 못하는 이상행동이 나오면서 이것이 범죄와 연관되기도 한다.

이후 임상심리검사를 한다. 이 검사는 우리가 흔히 아는 지능검사를 비롯해 성격검사, 꾀병검사 등을 포함한다. 임상심리검사만으로 정신질환을 진단하는 것은 아니며 이는 진단을 위한 객관적 자료를 확보하는 데 도움을 준다.

가령 지적장애의 경우 《정신질환의 진단 및 통계 편람DSM-5》 진단 기준은 표준화한 지능검사만으로 심각도를 정하지 않도록 권고한다. 따라서 반드시 임상 평가를 거쳐야 한다. 임상 평가는 정신과 의사가 환자를 관찰하고 보호자를 면담한 후에야 가능하다. 정신의학의 객관성과 표준화 측면에서 임상심리검사는 매우 중요한 영역이며 검사 결과는 정신감정에 참고 자료로 유용하게 쓰인다.

이 모든 검사와 면담을 여러 차례 진행했어도 그것으로 정신감정이 완전히 끝나는 것은 아니다. 아직 더 중요한 것이 남아 있다. 바로 입원 중 병동 생활이다. 정신감정을 받으러 온 피의자는 보통 한 달간 입원하는데 이처럼 오래 입원하는 이유는 병동 생활을 면밀하게 관찰하기 위해서다.

피의자의 병동 생활이라고 해서 별다른 것은 없다. 아침에 일어나 식사하고 일상생활을 한다. 또 점심시간에 밥 먹고 오후에 각자 시간을 보낸다. 이어 저녁을 먹고 때가 되면 자는 것이 전부다. 이 단순한 생활을 관찰하는 이유는 정신질환이 남들에게는 당연하게 여겨지는 이 단순한 생활조차 제대로 할 수 없도록 일상생활에 지장을 주기 때문이다.

정신병적 증상인 피해망상이나 환청 등이 일상생활에 지장을 줄 만큼 악화한 상태라면 분명 병동 생활에서 드러날 수밖에 없다. 이를테면 계속 환청이 들려 혼잣말을 하거나 묻지도 않았는데 대답하거나 혼자 실실거린다. 피해망상이나 관계망상이 있으면 다른 사람을 경계하고 남들이 자신을 공격할 것 같다며 불안해한다. 그러다가 사소한 일에도 과하게 방어하면서 폭력적인 행동을 하기도 한다. 범죄 당시 행동을 반복할 수 있는 것이다.

짧은 면담이나 진료로는 그런 행동을 정확히 관찰하거나 평가하기 어려울 수 있다. 그러나 한 달 동안 24시간 내내 관찰하면 근거가 많이 쌓이므로 평가가 훨씬 수월하다.

비단 정신감정을 할 때만 폐쇄병동에 한 달간 입원한 상태로 관찰하는 것이 아니다. 정신과 진단을 위한 평가를 할 때도 이 방법을 사용하는 경우가 많다. 예를 들어 군 복무를 제대로 할 수 있는지 정신의학적으로 평가하는 병무용 진단서를 작성하기 위해 3~4주 이상 정신과 병동에서 관찰하기도 한다.

개중에는 한 달 동안 아주 조용히 지내다 가는 사람이 있는가 하면, 입원 첫날부터 시끌벅적하게 소란을 피우는 사람도 있다. 누구보다 아프면서 안 아픈 척하는 사람도 있고, 아프지 않으면서 아픈 척하는 사람도 있다. 아픈 척하며 눈에서 계속 레이저가 나온다고 눈을 감고 다니면서도 용케 아무 데도 부딪치지 않는 사람도 있고, 침대에 앉아 혼자 환청과 대화하면서도 본인은 아무 데도 아프지 않고 멀쩡하다고 주장하는 사람도 있다.

피감정인들은 아주 다양한 거짓말 잔치를 벌인다. 가장 흔한 것으로는 사건을 저지른 당시가 전혀 생각나지 않는다는 말이다. 사실 듣고 있으면 식상할 정도로 다들 비슷한 변명을 늘어놓는다. 술에 취해 일을 저지른 사람들의 말은 대충 이러하다.

"깨어보니 내가 그런 일을 했다고 하는데 뭐, 내가 했다고 하니 정말 잘못하기는 했지만 전혀 기억나지 않는다."

"내가 너무 흥분해서 그런지 그 당시가 진짜 기억나지 않는데 어쨌든 CCTV에서 보니 내가 했다고 해서 그냥 미안한 마음이다."

묘하게도 모두 자신의 범죄가 기억나지 않는다는 말로 무마하려 한다. 참으로 무책임한 말이다. 이는 정말로 기억나지 않는 게 아니라서 듣는 사람을 더욱 불쾌하게 만든다. 이처럼 누가 봐도 뻔한 거짓말을 아무렇지 않게 듣고 넘겨야 하는 것도 정신감정을 하는 의사의 고충 중 하나다.

누가 봐도 거짓말이 뻔한 경우에는 굳이 거짓말 탐지기까지 동원하지 않지만 가끔은 거짓말인지 아닌지 정말 헷갈릴 때가 있다. 이럴 때는 과학의 힘을 빌려야 한다. 여러 가지 질문을 하거나 거짓말 탐지기를 동원하면 그 사람의 심리 상태 변화로 거짓인지 아닌지 어느 정도 확인이 가능하다.

이렇게 한 달간 여러 검사와 면밀한 관찰을 무사히 마치면 피의자는 다시 원래 있던 곳으로 돌아간다. 그렇게 피의자는 돌아가지만 의사에게는 아직 할 일이 남아 있다. 정신감정서를 마무리해야 한다. 완성한 감정서는 우선 진료심의위원회에 상정한다. 비록 위원들이 모든 결과를 하나하나 검토하는 것은 아니지만 중요한 사건일 경우 회의를 열어 확인하는 절차를 거친다.

그 후 감정과장, 의료부장, 병원장이 검토와 확인을 완료하면 각각 의뢰한 기관으로 감정서를 보낸다. 발송한 감정서는 재판에서 증거자료로 쓰인다. 물론 재판 과정에서 정신과 의사가 낸 결론을 무조건 받아들이는 것은 아니지만 전문가 의견이므로 중요하게 살펴본다.

신뢰를 받고 싶다면

이 모든 정신감정 과정은 결코 간단하지 않다. 언론에서 보도하는 한 줄의 결과를 완성하기 위해 정신과 의사는 한 달이 넘는 시간 동안 고뇌한다. 정신과 전문의로서 환자를 만나는 일이 모두 조심스럽고 신경 쓰이는 일이기는 하지만, 특히 정신감정이 의뢰된 피의자들과 만나는 일은 더 조심스러웠고 꽤 부담을 느꼈다. 한 달 동안 내가 제대로 평가할 수 있을까, 혹시 잘못된 판단을 내리지는 않을까 늘 마음이 조마조마했다. 사회의 이목이 쏠린 강력 사건 피의자와 직접 얼굴을 맞대고 이야기해야 할 때는 덜컥 겁이 나기도 했다. 내가 내린 판단과 평가가 한 사람의 인생에 그리고 사회 전체에 영향을 미칠 수 있음을 알았기 때문이다.

정신과 의사에게 최고의 덕목은 '공감'이라고 한다. 환자의 아픔에 누구보다 잘 공감하는 자세로 치료를 시작해야 하니 그럴만하다. 정신감정을 할 때는 좀 다르다. 나는 면담실에서 피의자를 대할 경우에는 유일하게 공감을 접어두고 그 어느 때보다 엄격하고 중립적인 자세를 취해야 한다고 본다. 그들을 어쭙잖은 동정심으로 대하면 오히려 사회 안정을 해치고 범죄 피해자에게 상처를 줄 수 있다는 생각이 들기 때문이다.

그래서 나는 정신감정을 하면서 단 하나의 원칙을 세웠다. 다른 사람의 신뢰를 받고 싶다면 신뢰할 만한 결과를 내놓자. 사회의 이목과 다른 사람들의 평가에 흔들리려 할 때마다 나는 이 원칙을 마음에 더 단단히 새겼다.

국립법무병원을 떠난 지금, 나는 가끔 뉴스에서 정신질환자의 범죄 보도를 볼 때면 '아, 저 사람도 정신감정을 하러 가겠구나' 하고 생각한다. 감정의사는 한 달 동안 많이 고민할 테고 나중에 판결 기사는 한 줄 정도를 할애해 '심신미약이다, 아니다'라고 기록할 것이다. 그 한 줄에 한 달 동안 그 피의자를 관찰하고 평가하고 돌보는 국립법무병원 의료진의 노력이 숨어 있음을 알아주었으면 좋겠다.

4

조현병은 무조건 심신미약 판정을 받을까

국립법무병원에서 일할 때 생긴 버릇이 하나 있다. 가끔 검색창에 '조현병'을 입력해보는 일이다. 더러는 조현병 환자가 강력 범죄를 저지르는 바람에 언론이 떠들썩해지기도 한다. 당연하게도 그들은 정신감정을 하기 위해 국립법무병원을 찾아온다.

조현병이란 현실과 현실이 아닌 것을 구분하는 능력이 약화된 것을 특징으로 하는 정신질환의 일종으로 망상과 환각이 가장 대표적인 증상이다. 또한 와해된 언어나 행동, 사고장애 증상이 나타나며 사회적 위축과 감정 반응 저하 등을 동반한다. 이러한 증상 탓에 현실판단능력이 떨어지고 결국 자기 증상의 세계 속에서 '나홀로' 살다가 범죄와 연관되기도 한다.

망상이나 환청의 지시로 범죄를 저지른 경우 이들은 변명조차 하지 않는다. 심지어 당당해 보이기까지 한다. 그 세계에서 자신은 스스로를 지키기 위해 당연한 행동을 했기 때문이다.

사실 정신질환 증상으로 인해 범죄를 저지르는 조현병 환자의 수는 적지 않다. 그렇다면 조현병 환자가 범죄를 저지르면 무조건 심신미약으로 감형받을까? 많은 사람이 그럴 거라고 생각하지만 항상 심신미약을 받는 것은 아니다.

만약 조현병 환자가 무조건 감형받는다면 굳이 정신감정을 할 필요가 없을 것이다. 그냥 조현병을 앓은 병력이 있다는 의무기록만으로 재판에서 간단하게 심신미약으로 판단하면 그만 아닌가. 하지만 실제 정신감정은 그렇지 않다. 무엇보다 조현병 증상이 '사건'에 영향을 주었는지 아닌지가 중요하다. 사건 당시, 조현병 증상이 범죄의 직접적인 원인으로 작용했다는 것이 확실해야 심신미약으로 판정할 수 있다는 애기다.

조현병 증상으로 인한 피해망상이나 환청이 심한 경우엔 십중팔구 심신미약이라는 결과가 나온다. 이런 경우는 면담실에서 10분만 이야기해봐도 급성기 조현병 증상의 한가운데 있음이 자명하게 드러난다.

환청 때문에 불을 지른 사람

조현병 환자 A는 동네 한방병원에 불을 지른 방화범으로 정신감정을 하러 왔다. A는 10년 전 조현병으로 진단받은 병력이 있었지만 안타깝게도 약물치료를 꾸준히 받지 않았다. 약을 먹다 말다 하다가 2년 전부터 약을 먹으면 졸립고 힘들다는 이유로 중단했고, 이후 크고 작은 문제가 계속 발생했다.

A는 예전에도 층간 소음 문제로 위층에 사는 사람을 폭행해 집행유예를 받은 적이 있었다. 이런 경우 보통은 위층에 사는 사람이 혹시 다른 소리를 내는지 물어본다. 면담을 해보면 조현병 환자가 들은 층간 소음은 실제로 들렸다기보다 환청인 경우가 많다. 물론 정말로 층간 소음이 있을 수도 있겠지만 그것의 자극을 받아 윗집 사람

이 일부러 자신을 괴롭히려고 욕설을 하거나 죽이려 계획한다는 등의 환청을 듣기도 한다.

A도 이와 비슷한 경우였다. 어느 순간부터 윗집 아저씨의 목소리로 환청이 들렸는데 이를 무시하려 했으나 증상이 더욱 심해졌다. 결국 참지 못한 A가 어느 날 윗집 아저씨를 엘리베이터 문 앞에서 기다렸다가 그가 내리자마자 마구잡이로 폭행하는 일이 발생했다. A는 초범이었고 다행히 피해가 크지 않아 집행유예로 풀려났다.

그러나 A의 피해망상과 환청은 갈수록 더 커져만 갔다. 어느 날 A는 차를 운전하고 가다가 접촉 사고를 냈다. 육안으로는 상처가 보이지 않았으나 어깨 결림이 심했던 A는 통증 치료를 받고자 동네 한방병원에 입원했다. 그런데 교통사고로 스트레스를 받아서인지 입원해 있는 동안 A의 환청이 심해졌다. 어느 날 A는 '이 병원에 너를 감시하는 사람이 있고 이번 교통사고도 그 사람이 너를 죽이기 위해 낸 것'이라는 환청을 듣기 시작했다. 견디지 못한 A는 모두가 잠든 밤에 남몰래 입던 환자복에 불을 붙였다. 그러고는 건물을 다 불태우겠다는 생각으로 불이 붙는 옷을 계단에 던졌다.

비록 이 사건으로 사망한 사람은 없었지만 많은 사람이 다쳤고 병원은 큰 손실을 입었다. 결국 구속된 A는 재판을 받아야 했다. A의 본래 성격은 굉장히 소심했다. 그래서 자신이 감시당한다는 생각이 들고 그와 관련된 내용의 환청까지 듣자 점점 더 불안감이 심해져 어찌할 바를 몰라 했다. 더구나 A의 부모는 자신이 병 때문에 힘든 것이 아니라고 주장하는 아들을 억지로 병원에 데려가기가 버거운 상태였다.

그런 상황에서 내게 정신감정이 의뢰되었다. 당시 A의 첫인상은 불안 그 자체였다. A는 이야기하는 내내 기어들어 가는 목소리를 냈고 계속 눈치를 보면서 면담실 바깥에 누가 없는지 슬쩍슬쩍 넘겨다 보았다.

감정하는 기간 동안 A는 잠을 제대로 못 잤고 혼자 있을 때면 누군가와 이야기하듯 중얼거리는 모습을 보였다. 그리고 왜 불을 질렀느냐는, 즉 왜 사건을 저질렀느냐는 질문에 굉장히 억울해하며 옆방에 자신을 감시하는 사람이 있었고 그 사람이 자꾸 욕하기에 나도 죽고 그 사람도 죽이려고 불을 질렀다고 말했다. 명확히 정신질환 증상이 사건과 연관된 경우였다.

이럴 때는 심신미약으로 결과를 내는 데 문제가 없다. 이는 조현병에 따른 심신미약으로 치료감호형을 선고받은 가장 전형적인 예다.

"총각, 나 성병 있어"

다시 한번 강조하자면, 조현병일지라도 무조건 심신미약이라고 볼 수는 없다. 조현병을 무조건 심신미약으로 결론을 내린다면 정신감정이라는 절차가 굳이 필요치 않을 것이다. 그러나 실제로는 그렇지 않으며 정신감정을 거쳐 그 사람이 정말로 정신질환 증상 탓에 범죄를 저지른 것인지 정확히 알아내려 노력한다.

B는 30대로 10대 후반부터 학교에 잘 적응하지 못하고 왕따를 당했다. 결국 그는 고등학교 3학년 때 조현병 진단을 받았다. 약물치료 덕분에 겨우겨우 학교는 졸업했으나 사회생활을 하기에는 다소 무리가 있었고 군대는 조현병 병력으로 면제받았다.

B는 20대 시절 내내 집과 정신재활센터만 오가며 하루를 보냈다. B의 부모님은 그에게 누구보다 다정다감했다. 혹시라도 B에게 무슨 문제가 생길까 봐 늘 노심초사하며 약을 챙겨주었고 그 덕분인지 B는 약에 큰 거부감을 보이지 않고 꾸준히 약물치료를 지속했다. 다행히 그는 재발 없이 입원치료도 하지 않고 외래 통원치료만으로도 비교적 잘 지냈다.

그러나 부모님이 B의 일거수일투족을 일일이 감시할 수는 없는 노릇이라 B는 혼자서 버스를 타고 정신재활센터를 다녔다. 어느 날 B는 버스에서 어떤 할머니를 보았고 왠지 자신이 성적으로 접근해도 거부하지 않을 것 같다는 막연한 생각에 할머니가 정류장에서 내리자 따라 내렸다. 곧이어 할머니가 어떤 건물로 들어가자 화장실로 밀고 들어가 막무가내로 옷을 벗기려고 했다. 그 순간 할머니가 말했다.

"총각, 나 성병 있어. 나한테 이러면 총각도 성병이 옮을 거야."

그 이야기를 들은 B는 이런 판단을 했다.

'아, 내가 이 할머니와 성관계를 맺으면 성병이 옮을 것이고, 그것은 내게 좋은 일이 아니니 성관계를 하지 말아야겠구나.'

이 사건으로 고소당한 B는 조현병 병력 때문에 정신감정을 받게 되었다. B에게 왜 할머니를 성폭행하려 했느냐고 물었더니 자신에게는 병이 있고 외모도 매력적이지 않아 비슷한 나이대 여성은 자신을 만나주지 않을 것 같았다고 했다. 자기도 게임에 나오는 캐릭터처럼 여자를 만나 성관계를 맺고 싶어 어쩔 수 없이 만만해 보이는 할머니를 선택했다는 것이었다.

그러면 왜 할머니를 성폭행하려다 그만두었느냐고 묻자 할머니가 성병이 있다고 말했고 성병은 성관계로 옮는 것이라 하지 않았다고 했다. 그 대답을 들은 나는 B의 경우 조현병 증상 중 사회적 위축, 충동성 등이 남아 있고 그것이 성범죄를 일으키는 데 어느 정도 영향을 미쳤음을 알 수 있었다.

그러나 사건을 일으킨 이유가 할머니를 향한 애정 망상이나 할머니를 성폭행하라는 환청 같은 직접적인 정신병 증상 때문이라고 볼 수는 없었다. 고민 끝에 나는 B가 예전부터 조현병으로 치료받았고 현재도 이 병을 앓고 있지만 조현병 증상이 범죄의 직접적인 원인은 아니라고 결론을 냈다. 사건 당시 B는 성병에 걸리기 싫어서 스스로 판단해 행동을 멈췄을 만큼 사회통념상의 판단을 충분히 할 수 있었다. 이것으로 보아 스스로 해서는 안 될 행동인 걸 알면서도 했기에 형사책임능력이 있는 상태, 즉 심신 건재라고 법원에 제출했다.

이렇듯 조현병 환자가 무조건 환청과 망상의 지배를 받아 범죄를 일으키는 것은 아니다. 따라서 정말로 심도 있는 면담으로 사건과 정신질환 증상과의 연결고리를 찾는 것은 매우 중요하다.

나를 고민에 빠뜨린 조현병 환자

C 역시 나를 고민에 빠뜨린 조현병 환자였다. 비가 오는 어느 날 우산을 쓰고 가던 어떤 남자를 이유 없이 칼로 찔러 사망에 이르게 한 사건이었다. 피의자 신문조서를 읽을 때만 해도 C의 사건은 전형적인 조현병 환자의 정신병

적 증상에 따른 범죄 같았다. C를 면담하기 전 나는 환청이 시켰거나 피해망상 탓에 사건을 저질렀을 거라고 막연히 생각했다. 하지만 C를 만나 이야기하고 난 뒤에는 이것이 정말 증상 때문일까 싶어 혼란에 빠졌다.

C는 군 복무 중에 처음 조현병 증상을 보였다. 그는 선임들의 한마디 한마디가 몹시 신경이 쓰였다. 밤에 잠을 잘 때도 계속 귀에서 자신을 욕하는 소리가 들렸다. 너무 힘들었다. 증상이 심해지자 그는 군 병원에서 정신건강의학과 전문의인 군의관의 진료를 받았고 폐쇄병동에 입원했다.

결국 조현병 진단을 받고 약물치료를 시작한 C는 군대를 다 마치지 못한 채 제대했다. 처음에 어머니는 군대 스트레스 때문에 아들에게 병이 생겼다고 생각했다. 그래서 집에 오면 좋아질 것이라고 여겨 처방받은 약을 먹이지 않았다. 당장은 집에서 큰 문제없이 잘 지내는 것 같았다.

하지만 C의 증상은 점차 심해졌다. 밥도 먹지 않고 방에서 우두커니 앉아 중얼거리다가 갑자기 어머니에게 사탄이라고 소리를 지르며 칼부림하기도 했다. 놀란 어머니는 부랴부랴 C를 대학병원 응급실로 데려가 입원치료를 받게 했다.

두 달 동안 치료를 받은 C는 증상이 점차 좋아졌다. 퇴원 후에도 그는 꾸준히 외래 진료를 다니며 약을 처방받았다. 집에서도 별다른 문제없이 지냈고 가끔 편의점이나 주차장 같은 곳에서 일용직 아르바이트를 할 만큼 사회생활도 가능했다. 또 어머니의 권유로 교회에도 나갔다. 가끔 환청으로 예수님 목소리를 듣기도 했으나 스스로 '아, 이건 진짜 목소리가 아니고 환청이구나' 하고 알아챘다.

최근 5년 동안 C는 증상 악화 없이 입원치료도 받지 않고 잘 지냈다. 그런데 가끔 군대에서 경험한 억울하다고 생각하는 일, 교회에서 만난 여성에게 호감이 있음을 고백했다가 거절당한 일같이 스트레스 상황이 떠오를 때마다 화를 참기가 어려웠다. 마치 세상이 전부 자신을 무시하는 것 같았다.

C의 경우에는 환청이 좋지 않은 감정을 부추기거나

나쁜 생각을 불러일으키지 않았다. 오히려 C의 환청은 예수님의 목소리로 타이르는 경우가 많았다. 사건이 일어난 날 밤에도 집에서 영화를 보다가 느닷없이 세상이 자신을 무시하는 것 같고 억울한 생각이 들어 무작정 부엌에서 칼을 들고 나와 돌아다녔는데, 집을 나설 때부터 C에게 환청이 예수님 목소리로 이야기했다고 한다. 환청 속 예수님은 계속해서 성경의 십계명을 들려주며 죄 없는 이웃을 해치면 안 된다고 다독였다. 그러나 C는 그 목소리에도 불구하고 자신이 평소에 세상으로부터 무시당했다는 이유로 골목에서 자신보다 체구가 작은 남성을 골라 가차 없이 칼로 찔러 살해했다.

면담 전에는 조현병 증상에 의한 범죄일 것이라고 예측했으나 면담 이후 내 고민은 깊어졌다. 세상으로부터 무시당했다는 생각은 어떤 면에서 피해망상의 한 종류가 아닐까. 그렇다면 이 사건은 조현병에 따른 정신질환 증상으로 생겼다고 할 수도 있지 않은가. 고민은 이어졌다. 그러나 C가 환청이 예수님 목소리로 살인하지 말라고 했지만 무시했다고 말한 대목과 골목에서 자신보다 약해 보이는 상대를 물색하느라 시간이 걸렸다는 말을 듣고 결론을 내렸다.

C에게는 피해사고 증상이 있긴 했으나 그는 스스로 해도 되는 일과 해서는 안 될 일을 충분히 이해하고 있었다. 더구나 살인을 저지르라는 환청이나 피해자를 향한 망상 같은 증상이 없었기에 정신질환 증상이 범죄의 직접적인 이유라고 하기에는 무리가 있었다. 나는 C의 정신감정 결과를 심신건재로 제출했다.

아무리 조현병 환자라도

영화나 드라마를 볼 때 사람들은 보통 뻔한 결말을 그리 좋아하지 않는다. 결말에 반전이 있고 그 반전이 예측 불가능할수록 열광한다. 나는 정신감정을 할 때만큼은, 더구나 내가 잘 안다고 생각하는 조현병 환자를 정신감정할 때만큼은 반전이 없었으면 좋겠다고 생각한다.

조현병 환자를 정신감정한 뒤 그 결과를 '심신건재'로 냈을 때 정신과 의사로서 가장 걱정스러운 부분은 그 사람이 앞으로 조현병 치료를 제대로 받을 수 있을까 하는 점이다. 심신미약의 경우라면 재판에서 감형을 받거나 무죄로 판결받게 되고 치료가 필요한 경우에는 추가로 치료감호형을 받는다. 그러면 민간병원이나 국립법무병원에서 계속 조현병을 치료받을 수 있다.

반면 과거부터 꾸준히 조현병 약물치료를 잘 받던 사람이 범죄를 저지르고 그 원인이 정신질환에 있지 않다는 판단 아래 교도소로 가면 그 사람의 조현병 치료는 병원에서 하는 수준으로 이루어지지 않을 가능성이 높다.

물론 교도소에도 의사가 있고 필요한 경우 외부로 정신과 전문의의 진료를 받으러 나가기도 한다. 그래도 그 방법은 정신과 전문의가 상주하는 곳에서 치료받는 시스템과는 차이가 있다. 교도소의 의사는 정신과 전문의가 아닌 경우가 많아 치료에 한계가 있고, 외부 촉탁 시스템을 이용하기는 하지만 긴급 상황에 대처하는 데 아무래도 시간이 더 많이 걸리는 맹점이 있다. 그럼에도 분명한 것은, 아무리 조현병 환자라도 스스로 저지른 일에 책임능력이 있으면 반드시 책임져야 한다는 점이다.

국립법무병원을 그만둔 지금도 나는 조현병 환자의

범죄가 보도될 때마다 안타까운 마음이 든다. 한편으로는 내가 아직도 일하고 있다면 뉴스에 나온 그 사람을 정신감정하기 위해 병원에서 만났으려나 싶기도 하다. 또 어떤 증상 탓에 저런 범죄를 저질렀을까 궁금증도 일어난다.

사실 조현병 환자의 범죄가 인터넷 뉴스에 자주 올라오는 것은 그리 바람직하지 않다. 아무리 우리가 조현병이나 정신질환과 관련한 부정적인 인식을 개선하기 위해 노력해도 굵직한 강력 사건 하나만 터지면 그동안의 노력은 흔적도 없이 지워지고 만다.

그들은 자신의 병을 제대로 알아야 하고 절대 치료 시기를 놓쳐서도 안 된다. 그런 노력으로 부디 그들이 증상의 끝에서 범죄를 만나지 않았으면 좋겠다.

5

술 마시고 저지른 범죄도 심신미약일까

술은 참 애증의 존재다. 개인적으로 나는 술을 좋아하는 편이다. 40대가 된 지금은 예전 젊은 시절처럼 먹고 마시지는 못하지만 가끔 마시는 맥주 한 잔, 와인 한 잔은 하루의 피로를 잊게 해주는 좋은 친구다. 그러나 술을 지나치게 자주, 많이 먹고 또 취한 뒤 일상생활에 문제가 생긴다면 그것은 병이다. 심지어 다른 사람에게 피해를 줄 경우 그것은 범죄다.

이렇듯 술은 좋은 친구이기도 하지만 선을 넘으면 내 인생을 파괴하는 존재로 바뀐다. 더구나 술을 먹고 저지르는 범죄 중 다수는 내 인생뿐 아니라 다른 사람에게도 큰 피해를 준다. 과거에는 술에 취해 범죄를 저지른 경우 어쩔 수 없이 봐줘야 한다는 생각이 있었으나 시간이 지날수록 우리 사회는 주취 범죄에 엄격한 시선을 보내고 있다. 특히나 술을 먹고 범죄를 저지른 사람의 정신감정을 의뢰했다는 기사가 나올 때면 다들 또 죗값을 치르지 않고 빠져나가려 한다고 생각한다. 마치 정신감정이 덩달아 엮여 신뢰를 잃는 느낌이다.

정신과 의사로서 나는 술을 먹고 범죄를 저지른 사람에게는 전혀 공감할 수가 없다. 특히 술을 먹고 기억나지 않아요, 내가 무슨 일을 했는지 전혀 모르겠어요, 나도 모르게 그런 것 같아요 같은 변명으로 일관하는 사람에게는 말로 표현하기 힘든 수준의 분노를 느끼기도 한다. 다른 정신질환, 특히 조현병같이 정신질환 증상으로 인해 명확히 심신미약 범죄를 저지른 사람에게는, 그 어찌할 수 없었을 증상들 때문에 오히려 안타깝다. 물론 범죄 자체를 옹호할 생각은 없다. 본인이 의지로 제어할 수 없는 증상 끝에 벌인 일이었을 것이라는 정도의 이해와 공감이라고 해두고 싶다.

자발적 음주를 정신감정할 때

과연 술을 먹고 범죄를 저지른 경우 심신미약으로 볼 수 있는가? 첫 책을 쓰고 나서 사람들에게 이 질문을 엄청나게 많이 받았다. 대개는 술을 먹고 기억나지 않는다고 하면 그만인 거냐는 울분에 찬 뉘앙스의 질문이었다.

여기서 그 대답을 하자면 술에 취해 저지른 범죄의 경우 정신감정 결과가 심신미약일 수도 있고 심신건재일 수도 있다. 어디까지나 해당 증상과 사건이 연관되어 있는지 면밀하게 따져봐야 한다. 다른 질환으로 인한 사건을 정신감정할 때와 다르지 않다.

E는 술을 먹고 방화를 저지른 사건으로 정신감정을 받으러 왔다. 술에 취해 아버지가 사는 집에 불을 질렀는데 그 사건으로 E의 아버지는 사망했다. 면담실에서 E를 처음 만났을 때 그가 반성하는 기색은 없이 계속 변명으로 일관하며 아버지에게 아무런 나쁜 감정이 없었다고 말하는 것을 듣는데, 기분이 좋지 않았다. 물론 얼굴에 표를 내지 않기 위해 노력했고 최대한 중립적인 모습을 보였지만 말이다.

E는 원래 아버지와 사이가 별로 좋지 않은 아들이었다. 그가 어릴 때부터 아버지는 술을 먹고 취하기만 하면 어머니와 그를 때리기를 반복했다. 결국 어머니와 아버지는 E가 초등학교 때 이혼했다. E는 어머니와 같이 살았다. 어머니와 둘이 살 때는 행복했다. 군대도 별 문제 없이 제대했고 4년제 대학교도 잘 다녔다. 그러다가 어머니가 암으로 돌아가시고 혼자 남자 외롭고 쓸쓸했다.

그때부터 E는 술을 마시기 시작했다. 자신이 그토록 미워하던 아버지처럼 술을 마시게 된 것이다. 게다가 아버지를 자주 찾아가 돈을 달라고 행패를 부리며 괴롭혔다. 아버지는 자신이 저지른 업보라 생각하고 아들의 그런 행동을 묵묵히 받아들였다.

그러던 어느 날 술을 먹은 E가 아버지 집에 찾아가 기름을 뿌리고 신문지에 불을 붙여 던졌고 결국 아버지는 사망하고 말았다. E의 죄명은 '존속살해'였다. 서류를 처음 받았을 때 나는 좀 의아했다. 불을 지른 사건인데 왜 존속살해라고 보았을까? 피의자 신문조서를 읽고 나서야 그 이유를 알 수 있었다.

그는 예전부터 아버지에게 폭행을 가하거나 원망 섞인 행동을 많이 했고 문자 메시지를 보내 아버지를 죽이겠다고 협박했다. 여러 가지 증거를 기반으로 경찰 조사에서 방화치사였던 죄명이 검찰에 기소된 이후 존속살해로 바뀌었다. 이 지점을 E는 상당히 억울해했다(존속살해가 방화치사보다 기준 형량이 더 무겁다).

면담실에서 그는 내내 자신은 아버지를 살해할 의도가 전혀 없었고 정말로 술에 취해서 기억나지 않는다며 자기 이야기만 했다. 형량을 줄이기 위한 목적 같았다. 앞에서도 말했듯 감정의사에게는 존속살해든 방화치사든 그게 중요한 것이 아니다. 핵심은 피의자가 사건을 저지를 때 어떤 상태였는지 파악하는 일이다.

E는 이번 사건 이전에도 술에 취한 상태에서 아버지를 폭행하는 일을 여러 차례 반복했다. 그런 음주 문제로 가족의 권유를 받아 알코올 전문병원에서 자의로 몇 달간 입원치료한 병력도 있었다. 면담할 때도 자신이 술을 먹고 자주 기억을 잃어 문제인 것을 스스로 알고 있었다고 분명히 말했고 몇 번은 술을 먹고 담배를 피우다가 큰불

이 날 뻔한 적도 있다고 했다. 다시 말해 그는 자신이 술을 먹으면 기억을 잃고 행동 문제가 생긴다는 사실을 명확히 인지하고 있었다.

이런 경우 자발적 음주에 따른 사건이고 피의자 스스로 술을 먹고 난 뒤 자신이 문제가 될 만한 행동을 할 수 있다는 사실을 알고 있으면서도 술을 먹고 범죄를 저지른 것이기에 현재의 법정신의학에서는 심신건재 결과를 내리는 추세다. E 역시 이런 것에 근거해 정신감정 결과를 심신건재로 결론지었다.

너무 뻔뻔해서 기억에 각인된 사람

술을 먹은 상태에서 범죄를 저지른 사람들이 가장 많이 하는 변명은 "기억나지 않는다"는 말이다. 그중에서도 최고로 얄밉고 화가 나는 경우는 술 먹고 성범죄를 저지른 사람이 전혀 기억나지 않는다고 뻔뻔한 소리를 할 때다. 하지만 나는 성범죄야말로 목적성이 아주 명확하게 드러나는 범죄 행위라고 생각한다. 그 이유는 간단하다. 성범죄는 일단 범죄 대상을 물색해야 한다. 그리고 피해자를 다른 사람들 눈에 띄지 않는 곳으로 데려가야 한다. 여기에다 강간하거나 성추행하려면 옷을 벗겨야 한다. 이처럼 성범죄는 목적한 바를 이루는 행위에 이르기까지 치밀하게 계획해야 한다.

수많은 강간범이 술을 먹고 기억나지 않는다고 핑계를 대지만 그중에서도 F는 너무 뻔뻔해서 기억에 각인된 사람이다. 사람은 겉모습으로는 알 수 없다는 말을 되뇌게 할 만큼 F는 겉보기에 멀쩡한 30대 초반의 청년이었다.

그는 군대를 제대하고 술집에서 일하면서 술을 자주 마시게 되었고 음주량도 점차 늘어났다고 했다. 그래도 일을 마치고 술을 마시는 것이 유일한 낙이라서 혼자서도 마시고 동료들과도 어울려 마셨다. 어느 날 새벽 술에 취해 집으로 돌아가던 중 그는 충동적으로 앞에 가던 여성을 쫓아가 위협하고 몸을 만지는 범죄를 저질렀다.

그 사건으로 F는 징역 6개월을 선고받았다. 그는 자신이 대체 왜 그 여성을 쫓아갔는지 스스로도 너무 놀랐다고 했다. 그러나 그 사건 이후로도 F는 술을 끊지 못했다. 또다시 거나하게 취해 새벽에 동네를 배회하던 중 옆 빌라로 들어가는 젊은 여성을 발견했고, 그녀를 계단으로 밀고 들어가 옷을 벗기고 성폭행하는 사건을 저질렀다.

결국 그 사건으로 그는 정신감정을 받으러 왔다. 역시나 면담실에서 F는 앵무새처럼 계속해서 기억나지 않는다는 말만 강조했다. 그럴 때 감정의사는 이렇게 묻는다. "누가 술을 억지로 먹였나요?", "술을 먹은 뒤 지난번에도 비슷한 사건을 저질렀는데 기억하시죠?" 당연히 부인하지 못한다. 스스로 술을 먹고 과거에도 비슷한 종류의 범죄를 저질렀다면 이는 명백한 심신건재다. 이러한 논리로 사회적으로 큰 이슈가 된 조두순 사건도 심신건재가 맞다.

술을 먹었어도 심신미약일 때

물론 술을 먹고 범죄를 저질렀다고 묻지도 따지지도 않고 심신건재라고 하지는 않는다. 술을 먹었어도 심신미약이라고 판단할 때가 있다. G는 화물 트럭을 운전하는 50대 남성이었다. 그는 아내를 살해한 뒤 집에서 일주일을 칩

거했다. 무언가 이상함을 느낀 자녀들이 112에 신고했고 경찰이 G의 집으로 출동했다. G는 경찰에게 소리를 지르며 난동을 부리다가 붙잡혔다.

정신감정을 받으러 왔을 때 G는 환청이나 피해망상 같은 정신질환 증상을 보이지 않았다. 하지만 자녀들의 말에 따르면 그가 사건을 저지른 시점을 기준으로 1년 전부터 아내가 바람을 피운다는 환청을 들었다고 한다.

G는 원래 건설 현장에서 일하던 사람이었다. 일의 고단함을 잊기 위해 한 잔, 두 잔 술을 마시면서 그 양이 꽤 늘었다고 한다. 결혼하고 아이가 생기면서 그는 가장 역할에 좀 더 충실하기 위해 화물 트럭을 사서 운전 일을 시작했다. 운전 일을 시작하고부터 그는 어쩔 수 없이 술을 끊으려 했으나 예전에 먹던 술맛을 잊을 수가 없었다. 그래서 일이 끝난 뒤 예전처럼 한 잔, 두 잔 술을 마셨다. 당연히 음주량은 점점 늘었고 위험하게도 식사하면서 반주처럼 술을 먹고 운전하는 일도 종종 있었다.

이를 알게 된 G의 아내는 남편에게 잔소리를 했다. 자녀들의 증언에 따르면 그러다 사고라도 나면 어쩌려고 그러느냐는, 즉 아내라면 당연히 할 만한 수준의 잔소리였다. 그때부터 G에게 '아내가 자기 몰래 바람을 피우고 있다'는 내용의 환청이 들리기 시작했다. 처음에는 무시하려 했으나 쉽지 않았고 그 소리를 잊기 위해 술을 더 먹었다. 그런데 술을 먹을수록 그 소리는 없어지기는커녕 더 커졌다.

사건 한 달 전 그는 가까운 정신건강의학과 의원에 방문해 환청을 없애주는 약물을 처방받기도 했다. 그렇지만 G는 약보다 술을 택했고 처방받은 약은 먹지 않았다. 술이 늘면서 G의 일감은 점점 줄었고 사건이 일어날 무렵에는 하루 온종일 집에서 술만 먹고 아내에게 욕설을 퍼부었다.

어느 날 G의 귀에 '네 아내를 죽여야 괴로움이 없어진다'는 소리가 아침부터 계속 들렸고 결국 그는 아내를 칼로 찌르고 말았다. 그 사건으로 구속된 G는 이후로 전혀 술을 마시지 않았다. 그리고 정신과 약물치료를 받지 않았음에도 귀에서 온종일 들리던 소리가 자연스레 사라졌다. 그가 정신감정을 위해 국립법무병원에 올 즈음에는 씻은 듯이 나아 더 이상 이상한 행동이나 증상을 찾아볼 수 없었다.

G는 사건이 일어나기 한 달 전부터의 기억이 가물가물해 마치 꿈같다고 표현했다. 온종일 환청 때문에 어찌할 수 없었고 술을 먹지 않으면 잠도 오지 않았다고 한다. 왜 정신과 치료를 받지 않았느냐고 물으니 그게 병인지 몰랐다고 말하며 자기 손으로 아내를 살해한 것에 참회의 눈물을 흘렸다.

G의 진단명은 알코올이 초래한 정신병 장애라고 할 수 있다. 환청이 시작된 시점만 보면 전형적인 조현병 증상이라 증상 발생 시점이나 술을 많이 먹은 음주력을 파악하지 못할 경우 자칫 조현병으로 진단하기 쉽다. 그러나 G는 약물치료 없이 단주한 이후 환청이 자연스럽게 좋아졌고 더 이상 들리지 않았다. 조현병과는 양상이 달랐던 것이다.

또한 자발적 음주이긴 해도 자신의 의지와 상관없이 2차적 정신병 증상이 발생했고, 이것과 사건이 직접 연관이 있기에 이럴 때 감정의사는 대부분 심신미약이라 판단

한다. 나 역시 G를 심신미약이라고 결론지었다.

러시아에서 온 I는 점잖고 차분해 보였지만 피의자 신문조서에 적힌 그의 범행은 참으로 끔찍했다. 그와 마찬가지로 러시아에서 온 친구와 함께 살던 I는 성실한 노동자였다. 하지만 낯선 땅에서 적응하기란 쉬운 일이 아니었다. 난생처음 해보는 공장 일도 손에 익지 않아 힘들었다.

원래 러시아는 보드카 같은 술을 많이 먹는 나라다. I도 술을 즐겨 마시던 사람이었고 한국에서 일하면서 받은 스트레스를 거의 술로 풀었다고 한다. 소주 한 병이 두 병이 되고, 두 병이 네 병이 되는 데까지는 그리 오래 걸리지 않았다. 이를 보다 못한 친구가 제발 술을 그만 먹으라고 말리는 일이 잦아졌다.

여느 때와 마찬가지로 그날도 I는 술에 취해 있었고 이를 본 친구는 혀를 끌끌 차며 식탁을 정리하고 있었다. 그런데 I의 눈에 갑자기 친구가 이상한 악마처럼 보였다. I는 친구에게 심한 욕을 했다. 친구는 I가 대체 왜 그러는지 이유를 몰랐고 황당하고 어이가 없어서 화를 냈다. 친구가 화를 내자 I는 더욱더 그 사람은 친구가 아니라 악마라는 확신이 들었다. 그래서 부엌칼을 가져와 목을 찌르는 끔찍한 일을 저질렀다.

말은 통하지 않았으나 한눈에 봐도 밖으로 드러날 정도의 환청이나 피해망상이 있어 보이지는 않았다. 면담실에서 통역을 거쳐 들은 I의 이야기는 전형적인 알코올에 따른 정신병 장애 증상이었다. 그때 I는 일을 나가지 않고 거의 일주일째 식사도 하지 않은 채 술만 먹는 중이었고 과도한 음주로 환시와 망상이 생긴 것이었다. I의 정신감정 결과 역시 심신미약으로 판단할 수 있다.

알코올 금단 섬망 증상

H는 경찰서 유치장에서 온 사람이었다. 앞에서도 말했지만 경찰 수사 단계에서 정신감정을 의뢰받는 것은 매우 드문 일이다. 이는 그만큼 H의 행동이 남달랐음을 의미한다. 정신감정을 받으러 올 때부터 H는 의식 저하 상태임이 뚜렷해 보였다.

'의식이 명료하다'는 말에는 '지남력指南力'◇이 온전하다는 의미가 포함되어 있다. 지남력이 저하되어 있으면 의식이 저하되어 있다고 판단한다. H는 시간과 장소를 제대로 알지 못했다. 이처럼 의식 저하가 있는 사람의 경우 섬망 상태였을 가능성이 높다.

섬망은 일시적으로 의식에 혼동이 있는 상태로 보통 신체적 문제가 있어 정신이 혼탁해지는 현상을 말한다. 그 원인은 매우 다양하다. 대표적으로 평소에 술을 많이 먹던 사람이 금주에 들어가면 3일에서 7일 사이에 가장 많이 알코올 금단 섬망 증세를 보인다. H는 바로 알코올 금단 섬망을 겪던 중이었다.

H는 70대 남성으로 평생 거의 매일 술을 먹었다. 가끔 술을 먹고 돈을 내지 않아 경찰에 붙잡혔다가 풀려나기도 했다. 그러던 어느 날 집에서 혼자 술을 먹은 그는 그 다음 날 밤거리를 배회하다 술집에 들어가 횡설수설했다. 가게 주인에게 알아들을 수 없는 말을 하면서 허락도 없이 냉장고에서 맥주를 꺼내려다 실랑이가 벌어졌고 결국

⬠ 시간과 장소, 사람을 제대로 인식할 줄 아는 능력.

맥주병을 깨는 등 행패를 부렸다.

참다못한 가게 주인이 112에 신고하면서 경찰서 유치장에 들어갔는데 그날부터 유치장에서 소동을 일으켰다. 시간도, 장소도 모르고 자신이 법무부 장관이라는 등 엉뚱한 말을 하며 헤매고 돌아다닌 것이다. H를 보다 못한 경찰이 치료도 하고 진단도 할 겸 정신감정을 보냈다.

H는 병동에서도 계속 섬망 상태였다. 알코올 금단 섬망은 짧게는 일주일이면 호전되지만 아주 오래 술을 많이 먹은 사람 중에는 한 달을 가는 경우도 있다. H는 그동안 술을 많이 먹었고 나이도 많았으며 당뇨 같은 내과 질환까지 있어서 거의 정신감정을 완료할 시점에야 어느 정도 의식을 회복했다. 그리고 한 달 후 H를 다시 데리러 온 경찰들은 많이 좋아진 H의 증상에 만족하며 데려갔다.

H의 경우 과연 심신미약일까, 아니면 심신건재일까? 사실 H가 술집에서 행패를 부린 날, 즉 사건을 저지른 시점에는 술을 먹지 않은 상태였다. 그 전날 밤에 술을 마신 뒤 낮에는 잠을 자고 밤에 일어나 집 밖으로 나온 상황이었던 것이다. 다시 말해 전날 밤에 마신 술은 어지간히 깼

을 시간이었다. 만약 또 집에서 술을 마셨다면 취할 수는 있어도 알코올 금단 섬망은 나타나지 않았을 것이다. 알코올에 중독된 그가 몸에 술을 들이붓지 않은 그 24시간은 금단 섬망을 일으키기에 충분했다. 그 탓에 H가 거리를 헤맨 것이었다.

이처럼 전형적인 사례와 거리가 있는 사람이 내원하면 정말 고민스럽다. 좀 화가 나긴 해도 술을 먹고 "기억나지 않아요"라고 말하는 사람을 감정하는 것이 결론이 뻔해 훨씬 편하고 쉽다. 반면 알코올 금단 섬망은 자주 의뢰받는 정신감정이 아니라서 어떻게 판단해야 할지 고심하게 된다.

H는 당시 술에 취한 상태가 아니었고 술로 인해 생긴 2차적 정신과 문제를 보였다. 즉, 본인의 의지와 관계없이 의식 혼탁과 지남력 변화로 사건을 일으킨 것이었다. 나는 심사숙고 끝에 이는 일반적인 알코올 사용 장애처럼 심신건재로 볼 일은 아니라고 판단했다. 그래서 심신미약이라는 결과를 법원에 제출했다.

판결은 더 엄격해졌다

술과 관련된 여러 가지 범죄를 정신감정한 결과는 법을 집행하는 사람들의 관점과 다를 수도 있다. 어디까지나 이것은 정신과 의사들의 관점이다. 한번은 정신감정 관련 논문을 쓰기 위해 자료를 조사하다가 정신과 의사들이 작성한 정신감정 결과와 실제 판결문 기록, 즉 재판관이 최종 판단한 형사책임능력 결과를 비교해보았다. 그 비율은 90퍼센트 이상 일치했으나 술과 관련된 범죄에서는 재판관의 판단이 더 엄격했다.

실제 판결문 기록을 찾아보니 술에 취한 상태에서 단순히 기억나지 않는다고 주장하는 범죄는 정신과 의사나 재판관이나 대부분 비슷하게 심신건재로 보았다. 의견이 갈리는 지점은 2차적 정신질환이 생겼을 때였다. 그런 경우 아무래도 정신과 의사는 의학적 판단을 하는 듯했다. 이와 달리 재판관은 2차적 정신질환이 생겼어도 어쨌든 술을 자발적으로 마셨다는 사실을 더 중요하게 보고 심신미약보다는 심신건재로 판단하는 편이었다.

술과 관련된 범죄에서 심신미약을 따지는 것은 오래

전부터 논란을 일으켜온 사안이다. 그 정점은 어린 여자 아이를 잔인하게 성폭행한 조두순 사건에서 찍혔다. 지금은 대다수 정신감정 결과에서 자발적 음주에 따른 범죄의 경우 심신건재로 판단한다.

의사로서 나는 술을 굳이 권장하고 싶지 않다. 그러나 인간으로서, 술이 주는 기쁨 역시 부정하고 싶지 않다. 술이 오랜 기간 인류에게 즐거움을 준 것은 사실이다. 그러나 우리는 그 즐거움에 따른 결과를 책임져야 한다. 앞으로도 술로 인해 사건 사고가 일어난다면 나는 정신감정만큼은 어떤 경우보다 더 엄격하게 이뤄질 것임을 믿어 의심치 않는다.

6

우울증, 조울증 그리고 정신감정

요즘 들어 동네 상가나 번화가 건물에 정신건강의학과 외래 의원이 예전보다 더 많아졌음을 혹시 체감하고 있는지 모르겠다. 나는 동종업계에서 일하고 있다 보니 상가에 새 의원이 생기면 유심히 보는데, 어림짐작으로도 정신건강의학과 의원이 새로 많이 생겨나는 듯하고 실제 통계로도 정신건강의학과 개원률이 늘었다. 동네 정신건강의학과 의원에서 다루는 질환은 주로 불안증, 우울증 같은 것이다.

특히 우울증은 개인적으로 그리 좋아하는 표현은 아니지만 '마음의 감기'라고 할 만큼 흔하게 앓는 질환이다. 마음의 감기라는 표현을 좋아하지 않는 이유는 분명하다.

'감기'라는 게 대충 참으면 낫는 병이라는 뉘앙스를 주기 때문이다. 그럼에도 감기와 우울증에 공통점은 있다. 감기에 걸렸을 때 대충 참다가 폐렴으로 악화할 수 있듯 우울증도 비슷하다. 우울증은 단순한 감기처럼 가벼운 병일 수도 있지만 치료 시기를 놓치면 큰 사건 사고로 이어질 만큼 행동 문제를 일으키는 병이기도 하다.

'기분병氣分病'에 속하는 대표적인 질환에는 동네 의원에서도 흔하게 진료를 보는 우울증부터 입원이 필요할 정도의 중증 정신질환으로 갈 수 있는 조울증까지 그 범주가 상당히 넓다. 증상 역시 매우 다양하다.

그러면 정신감정을 의뢰하는 기분병에는 어떤 것이 있을까? 앞서 말한 질환이 모두 다 가능하다. 정신감정을 의뢰할 정도면 아무래도 그만큼 증상이 심각하다는 뜻이다. 실제로 동네 의원 진료실에서 만나는 기분병 환자보다는 정신감정을 의뢰하는 사람 쪽이 그 정도가 더 심하고 증상도 뚜렷하다.

어느 조울증 약사

2022년 인터넷 게시판에 이상한 약국과 약사라는 글이 올라왔다. 그 사람은 박카스, 숙취해소제, 마스크 한 장 같은 저가 물품을 자기 마음대로 5만 원에 팔면서 그것이 정당하다고 우기고 약국 안에서 담배를 피우거나 조제 물품에 꽁초를 버리는 등 기이한 행동을 했다. 여러 가지 일화들이 알려지면서 저 약사는 무얼 하는 사람이냐, 왜 저런 행동을 하느냐, 과거에 어떤 사람이었기에 저러느냐 등 온갖 이야기가 난무했다. 그런데 어라, 내 머릿속에 떠오르는 한 사람이 있었다. 자세히 찾아보니 역시나 내가 알던 그 사람이었다.

내가 J를 처음 본 것은 날씨가 좋던 5월의 어느 날이었다. 바람까지 적당하고 상쾌한 날이라 서둘러 퇴근하고 싶었는데 아쉽게도 오후 늦게 새로운 정신감정 피의자가 왔다는 연락을 받았다. 잠깐의 짜증이 밀려오려던 순간 간호사의 흥미로운 한마디가 내 기분을 가라앉혔다. 피의자가 약사라는 것 아닌가!

정신질환으로 범죄를 저지른 사람들의 정신감정을

의뢰받는 일이 많다 보니 아무래도 직업이 있는 사람, 특히 전문직 종사자가 오는 일은 극히 드물다. 약사가 범죄를 저지르는 일도 드문데 정신감정까지 오다니 흥미롭지 않을 수 없었다. 이번에는 의료행정을 담당하는 사무실에서까지 연락이 왔다. 약사협회에서 J의 감정의사를 만나고 싶다며 연락을 했다는 것이었다.

사실 그런 부탁을 꼭 들어줄 필요는 없다. 어차피 정신감정은 법원에서 의뢰한 것으로 그곳에서 요구하는 것 외에는 개의치 않아도 상관없다. 보호자의 부탁이든 누구의 부탁이든 굳이 신경 쓸 필요는 없지만 왜 약사협회장까지 왔는지 궁금해 한번 만나보기로 했다. 나는 약사협회 임원을 만나기 전에 부리나케 J를 면담하러 갔다.

의외로 J는 생각보다 차분했다. 그러나 대화를 길게 할수록 말수가 점점 많아졌고 얘기 중에 여러 종류의 망상이 툭툭 튀어나왔다. 원래 J는 20대 때부터 양극성 정동장애, 즉 조울증을 진단받아 계속 치료받던 사람이었다. 약사임에도 불구하고 자신에게 정신질환이 있음을 자각하는 병식病識이 없었는지 그는 약을 먹다 말다 했다. 어쩌면 내가 약을 잘 안다는 생각에 더 약물치료를 멋대로 조절했을지도 모른다.

그래도 약사로 일하지 못할 정도는 아니어서 직접 약국을 경영하거나 다른 약국에 취업해 근근이 약사 일을 이어갔다. 그러던 중 모 대기업에서 운영하는 사내 약국에서 일을 시작했는데 그곳에서 스트레스를 받은 모양이었다. 이후 J의 피해망상과 기분 고양감이 다시 악화했다. 자신이 대기업과 관련이 있어서 피해를 본다는 망상뿐 아니라 여러 가지 일이 모두 자신과 연계해 일어났다는 관계망상도 생겼다. 여기에다 기분 고양감과 불안정 때문에 직장에서 다른 사람들과 잘 지내지 못하고 계속 마찰을 일으켰다.

결국 직장을 그만둔 J는 그것이 누군가가 일부러 자신을 괴롭히기 위해 작정한 일이라고 생각했다. 그렇지만 J는 조울증 치료를 거의 받지 않았고 약국을 개업했다. 그냥 약국만 운영했다면 그것 자체는 큰 문제가 아니었겠지만 J는 아직 증상이 좋아지지 않은 상태였다. 그는 자신의 약국 창문에 외설스러운 그림과 남성의 성기를 연상케 하는 기구, 욕설을 붙여놓았다.

공교롭게도 그 약국은 초등학교 근처에 있었고 오가던 어린아이들이 그걸 보게 되면서 민원이 빗발쳤다. 결국 경찰이 수사에 들어갔고 J가 이전에 조울증으로 치료받은 적이 있다 보니 재판 과정에서 정신감정을 의뢰한 것이었다.

경찰에서 수사하기까지 약사협회에서도 대체 이 사람이 왜 이런 행동을 하는지 굉장히 의아했다고 한다. 마침 재판이 시작되고 정신감정을 의뢰해 J가 국립법무병원으로 오자 그도 만나고 감정의사도 만나볼 겸 약사협회장이 직접 찾아온 것이다. 정신감정을 하는 의사가 약사협회장을 만나다니, 전혀 생각지도 못한 일이었다.

면담을 마친 뒤 나는 약사협회장과 J를 같이 만났다. 약사협회장은 회원의 구설수를 어떻게든 잘 해결하기 위해 J를 달래고 어르다가 이러면 회원 자격을 정지할 수밖에 없다, 약사 면허를 잘 지켜야 하지 않겠느냐고 협박도 해가며 애를 썼다. 그 모습이 안쓰러울 정도였다. 하지만 J는 머릿속이 여러 가지 망상으로 가득 찬 상태였고 그런 협박에 동요하는 것 같지 않았다. 결국 나는 J가 명백히 조울증 증상 탓에 그렇게 행동했다는 결론을 내리고 감정 결과를 심신미약으로 제출했다.

사건의 정도가 치료감호형을 선고하기에는 무리가 있었는지 이후로 J는 국립법무병원에 오지 않아 더 이상 만나지 못했다. 가끔은 그가 잘 살고 있는지 궁금했다. 치료만 잘 받아도 약사로서 자기 능력을 충분히 발휘하며 잘 지낼 텐데 하는 생각을 하면서 말이다.

그리고 2년이 지난 어느 날 인터넷 기사에서 과거와 유사한 사건으로 그를 다시 만난 것이다. 참으로 안타까웠다. 힘들게 공부해 약사 면허를 취득하고도 그것을 제대로 사용하지 못하고 있으니 말이다. 병식이 없는 조울증 환자의 증상은 능력 있는 사람마저 범죄자로 내몰 수 있구나 싶어 마음이 씁쓸했다.

그가 아내를 살해한 이유

조울증 환자는 대부분 조증 상태일 때 행동 문제를 일으킨다. 조증 증상이 주로 에너지 고양, 과대망상적 사고, 예민함, 판단 능력 저하로 나타나기 때문이다. 그래서 사건 사고에 연루되어 정신감정을 하러 오는 경우는 대개 명확한 조증 삽화[○] 기간일 때가 많다. 물론 드물게 우울증 단계에서 사건 사고가 일어나기도 한다.

40대 후반 남성 K는 조선족 출신이다. 그는 꽤 오래전에 한국에 왔고 한국으로 귀화한 지 몇 년 지났다. 말투에 살짝 낯선 억양이 묻어났으나 그것만 빼면 서류 기록을 보기 전까지 그가 조선족임을 눈치채지 못할 정도로 의사소통에 별 무리가 없었다.

아내를 살해한 사건으로 정신감정을 하러 온 그는 병력상 거의 20년 넘게 조울증을 치료받았다고 했다. 차라리 K가 말이 많고 예민하고 공격적이었으면 오히려 별로 고민하지 않고 조증 삽화 기간에 증상을 원인으로 범죄를 저질렀구나 하고 결론을 내렸을지도 모른다. K는 아주 차분했고 말수가 없었으며 질문에 귀찮은 듯 딱 필요한

○ 특정 증상이 발현되는 시기. 보통 증상이 지속되지 않고 일정 기간 나타났다가 호전되기를 반복한다.

말만 했다. 별다른 의욕도 없어 보였다.

면담을 해보니 그는 잠도 제대로 못 자고 반복해서 자살을 생각하고 있었다. 왜 아내를 살해했는지 묻자 기운 없이 기록을 보라며 대답을 회피했다. K의 피의자 신문조서에는 두 달 전부터 아내가 자신을 무시하는 데다 외도까지 한다고 생각해 자주 다퉜고, 결국 그가 집에서 아내를 칼로 찔러 살해했으며 자신도 죽으려고 하다가 실패한 것으로 나와 있었다.

K는 20대부터 조울증으로 약물치료를 받았다고 한다. 20년 전 처음 한국에 올 때부터 그는 정신과 의원에서 약도 타다 먹고 나름대로 열심히 치료받으려고 노력했다. 성실한 편이라 직장에도 잘 적응해 원만하게 지냈다. 그러다가 다니던 직장이 어려워지면서 실직한 K는 점점 예민해졌다. 밥도 잘 먹지 않으면서 우울해하고 자신감과 함께 의욕이 사라졌으며 자기 때문에 가족이 모두 굶어 죽을 것 같다고 종일 걱정했다.

그는 직장을 구하라는 아내의 잔소리에 점차 짜증을 내기 시작했고 심지어 아내가 그녀의 직장 동료와 외도

한다는 망상이 생겨버렸다. 아내는 계속 아니라고 했으나 K는 이미 조울증 우울 삽화 상태가 악화한 상황이었다. 여러 가지 망상까지 생긴 K의 귀에 아내의 변명 아닌 변명이 제대로 들릴 리 만무했다.

어느 날 아내가 낮에 등산복을 입고 친구를 만나러 간 뒤 늦게까지 돌아오지 않자 K의 분노는 점점 차올랐다. 분명 자신을 두고 외도하는 남성을 만나러 간 것이라는 확신이 들었다. 저녁 무렵 아내가 돌아오자 K는 아내를 다그치기 시작했다. 아내가 무슨 얘기냐며 말도 안 되는 소리 좀 그만하라고 외치자 K는 집에 있던 망치를 아내에게 휘둘렀고 그 망치에 머리를 맞은 아내는 그 자리에서 사망했다.

사실 조울증 환자가 조증 상태에서 과다하게 행동하거나 고양된 기분으로 예민하게 반응하다가 사건 사고를 저지르는 것은 흔한 일이다. 반대로 우울증 상태에서 그런 경우는 드물다. K가 정신감정을 하러 온 시점은 이미 시간이 흘러 자연스럽게 삽화 증상이 호전된 뒤라 우울감도 거의 흔적만 남아 있었다. 그래서 이 사건이 정말로 당시에 아내가 외도한다는 망상 때문에 벌어진 것인지 아니면 싸우다가 충동적 행동을 한 것인지 헷갈렸다.

이럴 때는 사건 당시 기록이 중요하다. 안타깝게도 K가 정신과 치료를 몇 년 동안 중단하는 바람에 사건 당시의 정신건강의학과 전문의 소견서나 진료 기록은 없었다. 그런데 K가 자살을 시도한 직후 입원한 응급실 기록에서 K가 아내가 외도한다는 말을 횡설수설 늘어놓았음을 확인할 수 있었다. 자녀들도 K의 아내와 직장 동료 사이에 의심할 만한 일이 없었는데도 유독 K가 예민하게 반응했다고 했다. 특히 K가 지난 몇 달 동안 아무도 만나지 않고 우울해하는 모습을 보였다고 말했다.

이 모든 자료를 종합한 결과 K는 정신병 증상을 동반한 조울증 우울 삽화로 보였고 나는 심신미약 상태에서 사건을 저질렀다고 판단했다.

우울증일 때도 범죄를 저지를 수 있을까

사건 사고는 우울증을 원인으로 일어날 수도 있다. '우울증 환자' 하면 보통 밥을 잘 먹지 않고 기력 없이 축 늘어지거나 누워만 있는 모습을 상상한다. 그러나 이러한 모습이 아닌 비전형적인 양상의 우울증도 상당히 많으며, 증상이 심한 경우 환청이나 망상 같은 증상을 동반하기도 한다.

내가 만난 D는 그런 우울증 환자였다. 20대 후반의 D는 키가 아주 컸고 소심해 보였으며 어딘가 모르게 위축되어 있었다. 그래서 그런지 나이와 달리 청년이라기보다 소년 같은 느낌이었다. D의 부모님은 그가 고등학교 때 이혼을 준비하고 있었다. D가 어릴 때부터 두 사람은 성격 문제로 자주 다투었고 D는 화목하지 않은 집안 분위기에 적응하느라 소심한 아이로 자랐다.

그는 학교에서도 친구들과 잘 어울리지 못하고 왕따를 당했다. 군 복무는 사회복무요원으로 겨우 마쳤는데 이후 공장에 생산직으로 취업했으나 적응이 쉽지 않았다. 시간이 지나면서 D는 점점 우울감이 심해졌고 자신이 가치 없는 인간이라는 생각이 들었다. 그러면서 사소한 일에도 불안해지고 자꾸 실수를 저질렀다. 그는 직장 동료들이 계속해서 실수하는 자신을 비웃는다고 여겼다. 몸도 여기저기 아프고 나쁜 생각만 들었다.

일에 집중하지 못하는 모습을 본 관리자가 그를 몇 번 혼냈다. 아마 나쁜 마음은 아니었을 테지만 D의 마음에서는 그렇게 받아들여지지 않았다. 그는 머릿속으로 모든 상황을 왜곡해서 받아들였다. 갈수록 피해망상이 심해지며 D를 힘들게 만들었다. 관리자가 자신을 미워하고 직장에서 내쫓기 위해 일부러 자꾸 혼내고 감시한다는 생각이 들었다. 집에 돌아와서도 관리자가 자기를 미행하는 사람을 주변에 붙였다는 생각이 머리를 떠나지 않았다.

결국 D는 어느 날 직장에서 관리자의 핀잔을 듣다가 갑자기 칼을 들고 달려와 찔렀다. 다행히 급소가 아니었고 주변 사람들이 신속하게 말려서 피해자가 사망하지는 않았으나 이는 분명 살인미수 상황이었다.

사실 D는 과거에 정신과 치료를 받은 병력이 전혀 없었다. 그래도 검찰 수사 단계에서 피해자를 향한 피해망상에 사로잡힌 모습을 계속 보였던 모양이다. 그런 이유로 재판 과정에서 정신감정을 의뢰한 것이었다.

면담실에서 만난 D는 아직 우울 증상이 남아 있는 상

태였다. 행동이 어눌했고 질문에 반응이 느린 정신운동 지체도 보였으며 대화 내내 자신은 가치 없는 사람이라면서 죽고 싶다고 말했다. 자신이 직장에서 관리자를 비롯해 다른 사람들에게 얼마나 괴롭힘을 당했는지도 자세히 이야기했다. 또한 자기 때문에 가족이 모두 벌을 받을 테고 나쁜 일에 휘말릴 것이라며 전형적인 우울증에 따르는 피해망상과 죄책망상을 얘기했다.

이 모든 증상을 종합한 나는 D를 정신병 증상을 동반한 주요 우울증으로 진단했고, 그 정신병 증상을 원인으로 사건이 일어났다고 판단해 심신미약이라는 결과를 제출했다. 판사는 그 심신미약 결과를 받아들였고 D는 치료감호형을 선고받아 국립법무병원에 입원했다.

입원 이후 D는 약물치료와 면담치료를 받으며 점차 증상이 좋아졌다. 내가 D의 주치의가 된 것은 그가 정신감정을 받은 시점에서 거의 1년이 지난 뒤였는데, 정신감정을 할 때 보이던 그의 불안감과 초조감은 거의 사라졌다. 여전히 말수가 적고 소심해 보이긴 했으나 면담실에서 적절히 이야기하고 가끔 웃기도 하는 등 일상생활에 큰 문제가 없는 상태였다.

그리고 아들이 몹시 힘들어하는 모습을 본 D의 부모님은 이혼하지 않았고 내가 D의 주치의를 하는 동안 항상 D를 걱정하고 치료에 많은 지지를 보냈다. D는 국립법무병원에서 자신의 형기를 마치고 1년 정도 더 치료받은 후 퇴원했다. 그는 자신이 우울증 때문에 그런 사건을 저질렀음을 충분히 이해했고 치료가 필요하다는 것도 인지했다. 아마 지금은 사회에서 잘 치료받고 무탈하게 지내고 있을 거라고 믿는다.

재발을 막고 재범을 방지하는 길

나는 D 같은 사람을 볼 때면 정신감정으로 제대로 진단해 잘 치료하는 과정, 즉 치료감호로 이어지는 과정이 얼마나 중요한지 새삼 느낀다. 이것이 곧 증상 재발을 막고 나아가 재범을 방지하는 길이다.

만약 D를 과거에 정신과 치료를 받은 적이 없다는 이유로 정신감정을 의뢰하지 않고 그냥 교도소로 보냈다면 어땠을까? 아마 D뿐 아니라 그를 관리하는 교도소의 다른 직원들도 그의 증상 탓에 몹시 힘들었을 테고, 범죄를 저지르게 된 진짜 이유도 해결하지 못한 채 D는 방치되고 말았을 것이다.

기분병은 그 스펙트럼이 매우 넓고 증상도 다양하다. 그리고 무엇보다 제때, 제대로 치료받는 것이 몹시 중요하다. 안타깝게도 여전히 정신과 문턱은 높고 사람들의 시선은 곱지 않다. 하지만 기분병은 의지 문제가 아니다. 이는 일차적으로는 머릿속 신경전달물질 이상으로 생기는 것이며 약물치료로 상당 부분 좋아질 수 있다. 반면 이것을 제때 해내지 못하면 간혹 무서운 범죄로까지 이어지기도 한다.

모든 병은 정확한 진단을 바탕으로 제때, 제대로 치료받는 것이 가장 중요하다. 그리고 병으로 인한 범죄는 병을 치료해야 그 원인을 없애 재범을 막을 수 있다. 나는 이것이 정신감정을 하는 궁극적 이유라고 생각한다.

7

사이코패스를 정신감정에서 만났을 때

정신질환과 범죄를 연결해서 생각할 때 가장 먼저 떠오르는 단어가 바로 '사이코패스'일 것이다. 사이코패스라는 용어는 1801년 프랑스의 정신과 의사 필리프 피넬Philippe Pinel이 처음 사용했다. 아마 당시에도 정신이 혼미하지 않고 조현병이 아니며 아픈 것도 아닌데 나쁘고 이상한 행동을 하는 사람에게 의문이 많았던 모양이다. 그래서 사회통념에서 벗어나는 행위를 하는 이들을 '정신에 병이 있다'는 의미로 사이코psycho(정신)에 패솔로지pathology(병)를 결합해 사이코패스라 불렀다.

아주 독특하고 분명한 캐릭터 때문인지 사이코패스는 영화에 많이 등장한다. 1991년 개봉한 영화 〈양들의 침묵〉이 대표적인데 연쇄살인마이자 정신과 의사인 주인공 닥터 한니발이 사이코패스다. 영화속 닥터 한니발은 사이코패스답게 수사관의 마음을 능수능란하게 조종한다. 2000년 개봉한 〈아메리칸 사이코〉의 주인공은 겉보기엔 매우 매력적으로 보이지만 자기 마음에 들지 않는 사람을 가차 없이 살해하는 사이코패스다.

우리나라에도 연쇄살인마를 다룬 영화가 많다. 그중에서도 굉장히 현실적이고 잔인한 묘사로 개봉한 지 오랜 시간이 지났어도 누구나 떠올리게 되는 영화가 있는데, 바로 2008년 개봉한 〈추격자〉다. 〈추격자〉는 실제 연쇄살인을 저지른 유영철을 모티브로 만들었다고 알려져 있다. 평범한 소시민 같은 얼굴을 하고 아무렇지 않게 여성들을 죽였다고 말하는 배우 하정우의 얼굴은 10년이 훌쩍 지난 지금도 잊히지 않는다.

이처럼 동서양을 막론하고 많은 영화 속에서 잔인한 범죄를 저지른 사람은 대부분 사이코패스로 추정하고 묘사한다. 그러나 어쩌면 현실이 영화보다 더 영화 같을지도 모른다. 화성 연쇄살인 사건을 다룬 영화 〈살인의 추억〉에서는 결국 범인을 잡지 못했으나 현실에서는 30여 년 만에 DNA 감식을 통해 숨은 범인을 밝혀냈다. 알려진 바에 따르면 이춘재는 살인 14건, 성범죄 9건, 강도 등의 중범죄를 저질렀다. 현재 이춘재는 화성 연쇄살인 사건 말고도 1994년 처제에게 수면제를 먹이고 성폭행한 후 살인한 사건으로 무기징역을 선고받아 교도소에서 복역 중이다. 이춘재 같은 연쇄살인범이야말로 전형적인 사이코패스라 할 수 있다.

사이코패스도 치료가 가능할까

범죄자와 사이코패스는 그 의미가 다르다. 범죄자라고 해서 모두 사이코패스인 것은 아니고 또한 사이코패스라고 해서 모두 범죄를 저지르는 것도 아니다. 사이코패스 중에는 사회적으로 성공한 사람도 종종 있다. 비윤리적 행위를 서슴지 않는 그들은 타인을 착취하고 이용해 경제적 부를 이루거나 정치 지도자 자리에 오르기도 한다.

이런 사람은 겉만 보면 사이코패스인지 아닌지 알 수 없다. 그렇지만 이들은 자신의 이득을 위해 일부러 전쟁을 일으키거나 부족을 말살하고 자신이 정치적 방해자로 여기는 사람을 아무렇지 않게 제거한다. 내가 정신감정을 하며 만난 사람들은 '성공한' 사이코패스는 아니었다. 그들은 대개 살인을 저지르거나 마약에 빠진 범죄자의 모습으로 내 앞에 나타났다.

정신의학에는 사이코패스라는 진단명이 없다. 정신의학 관점에서 이들은 대부분 반사회성 성격장애antisocial personality disorder에 해당한다. 15세 이후 시작되는 반사회성 성격장애는 타인의 권리를 무시하고 침해하는 행동으로 나타난다. 또한 사회 규범을 잘 지키지 못해 체포와 구금이 반복해서 나타날 수 있다. 그뿐 아니라 충동적이고 공격적이며 무책임한데다 아무렇지 않게 거짓말하면서 그에 따른 죄책감을 느끼지 않는 특징을 보인다. 그래서인지 이들은 일반 정신과 병동보다 교도소에서 더 많이 만나게 된다.

그렇다면 사이코패스를 치료할 수 있을까? 안타깝지만 경험으로도 그렇고 여러 연구와 문헌을 살펴봐도 이들은 정신과에서 입원치료를 해도 증상이 좋아지지 않는다.

민간병원에서 이들을 만나면 입원치료보다 외래 약물치료를 권유한다. 스스로 치료하려는 의지만 있다면 통원하며 약물치료를 해서 충동성이나 공격성을 줄이는 것만으로도 의미가 있기 때문이다.

이들에게 입원치료를 권하면 득보다 실이 많다. 이들은 입원 초기에는 의료진의 눈치를 보며 조용히 지내다가도 어느 정도 병동 분위기가 파악이 되면 슬슬 발톱을 드러낸다. 자신보다 취약한, 즉 정신질환의 증상이 심해 입원한 다른 환자들을 자신의 이득을 위해 괴롭히기 시작한다. 담배나 간식 같은 것을 갈취하기도 하고 사소한 심부름을 시키며 조종하기도 하며 환자들과 의료진 사이를 교묘하게 이간질한다. 이런 행동들은 결국 병동 내 혼란을 일으키고 질서를 흐트러뜨릴 수 있어 치료 환경을 저해하게 된다.

그러나 주로 범죄를 저지른 사람들이 정신감정을 의뢰받아 오게 되는 국립법무병원에서는 이러한 사이코패스를 만날 수밖에 없다. 아무래도 재판 과정에서 범죄를 저지른 사람의 충동성과 공격성이 정신질환에 의한 것인지 아니면 그저 나쁜 마음을 먹고 그런 것인지 감별하기가 헷갈리고 어렵기 때문일 것이다. 사건이 잔혹하고 보통 사람의 생각으로 잘 이해가 가지 않을수록 범죄와 연결된 행동이 진짜 정신질환 증상인지 아니면 나쁜 마음을 먹고 한 행동인지 구별하기가 어렵다. 정신감정은 이런 것을 자세히 알아보기 위해 필요하다.

'살인을 하고 싶어서' 살인한 사람

사이코패스 사건의 경우 그 종류와 내용이, 상식적인 수준에서는 상상할 수 없을 만큼 매우 잔인하고 충동적이며 공격적이라 언론에서도 크게 다룬다. 나도 5년 동안 근무하며 여러 명의 살인범을 만났고 그들 중에는 사이코패스로 보이는 사람도 여럿 있었다. 그중 '순수한 악이 있다면 바로 이런 모습이 아닐까' 싶은 사건도 있었는데 바로 등산로 살인 사건이다.

2020년 어느 산에서 20대 남성이 일면식 없는 중년 여성을 무자비하게 칼로 찔러 살해한 사건이 벌어졌다. 지인들과 함께 등산하러 온 피해자는 몸이 좋지 않아 30분

만에 등산을 그만두고 주차장에 세워둔 자신의 차 안에서 잠이 들었다고 한다. 당시 차 문을 잠그지 않고 잠이 든 그녀는 전혀 모르던 20대 남성에게 무자비하게 칼에 찔려 사망했다.

가해자 J는 10대 때부터 연쇄살인에 관심이 있었고 계속 살인을 계획해왔다고 털어놓았다. 드디어 그가 연쇄살인을 행동에 옮기기로 마음먹고 그 대상을 물색하던 중 주차장에서 잠들어 있는 피해자를 발견한 것이다. 그는 어떤 원한이나 순간적 분노 때문이 아니라 단순히 살인에 호기심이 있고 '살인을 하고 싶어서' 그녀를 칼로 30곳 넘게 찔렀다.

J를 처음 만났을 때 나는 그런 어마어마한 사건의 범인인 줄 모르는 상태에서 면담을 시작했다. 그런데 면담실에서 J의 이야기를 들으며 그동안 접해본 적 없는 모골이 송연해지는 느낌을 받았다.

정신과 의사로 15년을 일하면서 수많은 환자의 공격적인 행동을 보았고 순간적인 위협감으로 소름이 돋은 경험도 했었다. 그래서 타인의 공격성이나 분노가 주는 느낌을 잘 안다고 생각했는데, J는 그 이상이었다. J는 내가 그동안 알고 있던 '인간'이라는 종과는 다른 종류의 인간 같았다. 주로 영화에서만 접하며 상상해오던 매우 순도 높은 사이코패스 느낌이라고 할까? 그날 나는 정신감정이란 일이 얼마나 무서운 사람을 만나는 일인지 새삼 깨달았던 것 같다.

J는 빈말이라도 자신이 잘못했고 뉘우치고 있으며 피해자에게 미안하다는, 그러니까 정신감정을 하러 오는 많은 피의자가 흔히 하는 입에 발린 말조차 하지 않았다. 사실 많은 살인범이 왜 살인했느냐는 질문에 이런저런 말로 자기 행동을 변명한다. 누군지 몰라서, 착각해서, 순간 너무 화가 나서, 자기도 모르게 등등 레퍼토리도 다양하다. J는 그들과 달리 정말 순수하게 살인하면 어떤 기분일까 궁금했다고 솔직히 답했다. 만약 J를 정신감정에서 처음 본 것이 아니라 일반 정신과 진료실에서 만나 그런 얘기를 들었다면 벌벌 떨면서 살인에 관한 과대망상이라고 판단했을 것이다.

그만큼 살인에 보인 J의 생각은 과대하고 순수한 호

기심에 가까워 더 소름끼쳤다. 그는 살인이라는 행동을 어렸을 때부터 꿈꿔온 장래 희망을 이루는 느낌으로 받아들이는 듯 보였다. 현실판단능력이 떨어져서는 아닐까? 이런 생각도 해봤으나 그는 일상생활과 사회통념에서 사리를 분별하는 능력에 전혀 문제가 없었다.

나는 J에게 피해자는 전혀 모르는 사람인데 사건을 저지른 뒤 혹시 미안하거나 잘못했다는 생각이 들지 않느냐고 물었다. 이렇게 질문하면 피의자는 대부분 진심은 어떤지 몰라도 겉으로는 "반성하고 있다. 피해자에게 너무 큰 죄를 지었고 그 가족에게도 미안한 마음뿐이다"라고 말한다.

J는 그렇지 않았다. 그는 내 질문을 듣고 피식 웃더니 왜 미안한 생각이 들어야 하는지 모르겠다고 했다. 오히려 그는 자신이 그동안 꿈꿔온 것과 달리 살인이 자극적이지 않았고 재미가 없었다고 말했다. 그러고는 다른 사람들이 살인을 저지른 뒤 반성한다, 잘못했다고 하는 말은 다 거짓일 거라고 덧붙였다. 다들 어떻게든 재판에서 조금이라도 잘 보이려고 하는 말일 뿐이라고 비웃기도 했다.

J의 이런 솔직함은 태어나서 처음 보는 악함이었다. 날것 그대로의 '악'을 눈앞에 두고 보는 감정은 섬뜩함 자체였다. 타인을 해하고도 전혀 괴로운 감정을 느끼지 못하다니, 만약 그를 검거하지 못했다면 이춘재나 유영철처럼 제2, 제3의 범죄가 끊임없이 일어났을지도 모를 일이라는 생각이 들었다.

감정 기간에 면밀하게 관찰한 결과 J에게는 정신질환에 해당하는 증상이 나타나지 않았다. J는 정말로 살인과 살인할 때의 쾌감이 궁금해서 사건을 저지른 사이코패스라는 것이 내 결론이었다. 물론 정신감정서에 사이코패스라는 진단을 쓰지는 않는다. 법정신의학의 관점에서 반사회적 성격장애는 정신질환적 진단의 고려 대상이 아니다. 치료가 가능하지 않고 형사책임능력에 문제가 없기 때문이다. 역시나 J는 이전에도 정신과 진단이 없는 상태였다. 당연히 나는 심신건재로 판단했다.

아직도 나는 사이코패스라는 말을 들으면 J가 떠오른다. 영화에서만 접하던 살인범의 생생한 생각을 직접 들은 잊지 못할 경험이었다.

"그냥 아무 생각이 없었는데요"

국립법무병원에서 감정 과장으로 일하는 동안 나는 여러 기관에서 '이런 사람도 정신감정이 가능한지' 문의하는 전화를 가끔 받았다. 5년 동안 받은 문의 전화 중에서 가장 기억에 남는 것은 피의자가 반성하지 않으면서 반성하는 척하는데 이것을 정신감정으로 밝혀줄 수 있겠느냐는 내용이었다. 그것도 담당 검사가 직접 전화한 것이었다.

아니, 내가 무슨 점쟁이도 아니고 그 사람이 진심으로 반성하는 것까지 어떻게 밝혀내라는 거지? 순간 이런 생각이 들었지만 오죽하면 묻겠나 싶어 황당함을 꾹 누르고 어떤 사건인데 그러느냐고 되물었다. 담당 검사는 아직 정식으로 정신감정을 의뢰한 게 아니라서 자세히 말하기는 어렵다고 했다. 다만 유명한 사건이라 언론에 보도됐으니 검색을 한번 해보라고 일러주었다.

피의자는 이미 깊이 반성하는 어조의 반성문을 재판부에 제출한 상태였다. 물론 검사 측에서 보기엔 진심이 전혀 느껴지지 않았고 혹시 반성문을 쓰고 반성하는 척하는 모습 때문에 재판부가 착각해 제대로 된 죗값을 치르게 하지 못할까 걱정하고 있던 참이었다. 그래서 피의자가 진심으로 반성하는 게 아니라는 것을 공식 정신감정으로 정확히 알아내고 싶은 것이었다.

그로부터 한 달 후 그 사건의 피의자 K가 정신감정을 하기 위해 국립법무병원에 왔다. 담당 검사 표현대로 그는 예의 바르고 조용한 사람이었다. 앞서 말한 J가 어떠한 위선의 가면도 쓰지 않고 날것 그대로 생생한 살인 의도를 뿜어냈다면, K는 속내를 전혀 겉으로 드러내지 않았다. 내가 여태껏 정신감정을 하며 많이 보아온 유형의 살인범 태도였다.

K는 자신이 화를 참지 못하고 살인을 저질러 정말 잘못했다며 해서는 안 될 행동을 했다고 표현했다. 덧붙여 진심으로 깊이 반성한다고 했다. 왜 검사 측에서 혹시나 K가 감형받을까 봐 걱정하는지 어렴풋이 알 것 같았다. 나도 몇 가지 질문을 더 하지 않았다면 K의 진심을 알지 못했을 것이다. 다행이랄까, 이런저런 이야기를 이어가던 중 K가 결정적으로 자신의 본모습을 드러낸 순간이 있었다.

언론에서 이미 보도했듯이 사건에서 다들 경악한 것은 범인이 형제를 연달아 살해한 후 피해자의 카드를 쓰며 돌아다녔다는 사실이다. 그는 현금을 인출하고, 피해자의 차를 몰고 다니고, 피해자의 가족과 지인에게 마치 피해자가 아직 살아 있는 것처럼 메시지도 보냈다. 그야말로 반성과는 거리가 먼 행동을 하고 다닌 것이다.

나는 K가 대체 무슨 생각으로 그런 행동을 했는지, 인간으로서 해서는 안 될 범죄를 저질러 깊이 반성한다면서 어떻게 그럴 수 있었는지 궁금해서 물어보았다. 그는 굉장히 뚱한 표정으로 "글쎄요, 그냥 아무 생각이 없었는데요. 그게 잘못된 건가요"라고 대답했다. 순간 K가 그동안 숨기고 있던 본심을 들여다본 느낌이었다.

J가 비웃은 것처럼 K는 깊이 반성하는 척하면서 어떻게 하면 죗값을 좀 더 줄여볼까, 어떻게 하면 더 쉽게 재판을 받아볼까 등을 궁리하며 거짓 반성을 한 것이었다. 거짓 반성은 결국 어떻게든 드러나게 되어 있다. 사건을 수사하는 검사나 정신감정을 하는 의사의 눈에는 보일 수밖에 없다.

K 역시 사이코패스 성향이 있는 사람이었다. 그는 자신의 마음에 들지 않으면 충동을 참으려 노력하지 않았고, 사람을 죽이고도 반성 없이 경제적으로 피해자의 것을 마음대로 착취했다.

사이코패스는 타고나는가, 만들어지는가

정신감정을 하면서 처음에는 평소 진료실에서 쉽게 접할 수 없는 사이코패스를 만나는 것이 무척 신기했다. 그러나 나중에는 알고 싶지 않은 사회의 어두운 면을 너무 속속들이 보는 것 같아 섬뜩하고 슬프고 화가 났다.

내가 국립법무병원에서 근무하며 마지막으로 본 사이코패스는 자신과 함께 살던 어린 의붓딸을 성폭행하고 무참히 살해한 L이었다. 이 사건은 사람들의 엄청난 공분을 사면서 유명해졌다. 사람의 탈을 쓰고 어찌 그런 일을 저지를 수 있는지, 아무리 중립을 유지해야 하는 정신과 의사라도 분개할 수밖에 없었다.

어느 날 〈그것이 알고 싶다〉에서 L의 사건을 방영했는데, 그 무렵 L은 정신감정을 위해 이미 국립법무병원에 온 상태였다. 덕분에 나는 L이 감정의사에게 말한 이야기와 〈그것이 알고 싶다〉에서 방영한 내용을 비교해볼 수 있었다.

역시나 L이 말한 것은 피의자 신문조서에 기록된 것조차 거짓이 많았다. L은 〈그것이 알고 싶다〉에서 보도한 행동이나 말을 모두 부인했다. 그는 계속 이 모든 것은 방송사에서 날조한 것이고 너무 억울하며 자신은 정말 불쌍한 사람이라는 태도를 보였다. 전형적인 사이코패스의 행태다.

L은 말도 제대로 하지 못하는 약하디약한 아이를 그토록 잔인한 방법으로 살해하고도 전혀 반성하지 않았다. 그는 정신감정 기간 내내 변명을 늘어놓고, 핑계를 대고, 자신의 억울함을 항변하는 태도만 보이다가 갔다. 이런 피의자를 볼 때면 사람은 애초에 악하게 태어나는 것이 아닌가 하는 생각이 든다.

눈에 보이지 않지만, 우리 사회에는 많은 사이코패스가 존재한다. 사이코패스라고 해서 눈이 세 개도 아니고 뿔이 달린 것도 아니다. 그들은 악한 마음을 숨긴 채 평범한 얼굴로 아무렇지 않게 우리 옆에서 살아간다. 내가 정신감정을 하면서 만난 사이코패스들은 아주 평범했다.

앞서 짚었듯 사이코패스라고 모두가 살인을 저지르는 것은 아니다. 또한 살인을 저지른 사람 모두가 사이코패스인 것도 아니다. 사이코패스 연구 결과를 보면 사이코패스는 유전적으로 타고나는 부분도 있지만 치료와 교육과 관심으로 극복이 가능한 부분도 있다고 한다.

《사이코패스 뇌 과학자》라는 책은 조상 대대로 사이코패스 유전자를 물려받은 어느 뇌 과학자가 쓴 책이다. 그 책의 저자는 스스로에게 질문을 던진다. 조상 중에는 실제로 살인마나 범죄자가 있었는데, 왜 자기는 그렇게 나쁜 길로 빠지지 않고 나름 성공한 학자가 되었을까? 답은 부모의 교육과 사회화 과정에 있었다. 어린 시절 저자의 나쁜 행동을 바로 잡고 더 나은 길로 인도하는 부모의 교육이 큰 역할을 한 것이다.

실제로 어렸을 때 품행장애 같은 반사회적 성향을 보이는 아이를 포기하고 방치하면 범죄자로 자랄 수 있으나 사회가 이들을 계속 들여다보고 치료적 개입을 하면 높은 확률로 사이코패스가 되지 않고 잘 자란다는 연구 결과도 있다. 결국 사이코패스는 그저 유전자 때문만도, 또 만들어지는 것만도 아니다. 그 두 가지 모두가 영향을 주는 만큼 사회화나 교육을 거쳐 악을 희석하고 선을 이식하는 노력이 필요하다는 것이, 나의 결론이다.

8

성범죄자를 정신감정하는 이유

내가 국립법무병원에서 일할 때 흔하게 받은 질문 중 하나가 범죄자를 대하는 게 힘들지 않으냐는 것이었다. 그럴 때마다 나는 일이라서 하는 것이니 힘들어도 해야 한다고, 먹고살려고 하는 일인데 직장에서 어찌 좋아하는 일만 하겠느냐고 대답했다. 사실 의사 중에서 드문 것뿐이지 범죄자를 만나는 직업은 많기에 내가 별난 일을 한다고 생각하지는 않았다.

정신감정은 판단을 배제하고 중립적인 태도로 임해야 하지만, 의사도 사람이다. 더러는 그냥 아픈 사람을 만나는 것도 힘든데 굳이 이런 범죄자까지 만나며 살아야 하는가 싶을 때도 있다. 성범죄자를 만날 때 그렇다. 정신감정에서 성범죄자를 만나면 더 엄격하게 보는 경향이 있는 것은 부인할 수 없다.

성범죄자는 그저 자기 욕구를 해소하기 위해 악행을 저지른 인간인데 굳이 정신감정까지 해야 하는 이유가 궁금할 것이다. 정신의학의 진단 중 변태성욕장애에 해당하는지 판별해야 할 경우엔 정신감정이 의뢰되기도 한다. 변태성욕장애 환자를 일반 정신과에서 만날 일은 거의 없다. 그런 병이 있는 줄도 모르는데다 설사 본인이 이상하다는 걸 알아도 병원에 갈 일이라고까지는 생각을 못한다. 그러다 결국 범죄를 저질러 정신감정이 의뢰되어서야 비로소 정신과 의사를 만나게 된다.

반복적으로 신발을 훔친 남자

나는 성범죄를 저지르고 뻔뻔하게 피해자를 탓하거나 기억나지 않는다고 변명하기 시작하면 피의자의 얼굴을 쳐다보기조차 싫다. 그래서 나는 변태성욕장애 진단 기준을 충족하는 사람도 애처로운 마음으로 바라본 적이 없는 것 같다. 그런 병 따위가 무슨 정신질환이냐는 생각도 했었다.

그러다가 M을 정신감정하면서 어쩌면 이 정신질환도 인생을 참으로 불편하게 만들고 삶의 질을 떨어뜨릴지 모르겠구나 하는 생각을 처음 해봤다.

M은 차분하고 조금 새침해 보이는 30대 남성이었다. 사실 M의 범죄명은 성범죄가 아니라 반복적인 신발 절도죄였다. 아마도 검찰 조사 단계에서 신발을 훔친 이유와 이후에 벌인 행동을 듣고 정신감정을 의뢰한 듯했다. 실제로 M이 신발을 훔친 이유는 굉장히 독특했다. M은 경찰 조사에서 남성이 사용하던 신발에서 성적 만족감이 느껴져 헌 신발을 훔쳐 자위행위에 사용했다고 진술했다. 전형적인 물품음란증 증상이었다.

M의 증상은 군대에서 처음 시작됐다. 고등학교 때까지는 소심하게 생활하긴 했어도 특별한 문제가 없었고 자신의 성적 취향이 남성 선호에 더 가깝다고 생각한 적도 없다고 한다. 그런데 군대에서 자기 취향을 깨달았다. 어느 날 선임에게 억울한 일로 혼난 그는 분한 마음에 골탕을 먹이려고 선임의 군화를 숨겼다. 처음에는 장난이었는

데 군화를 보면서 묘한 기분이 들었다. 그러다 군화를 앞에 두고 화장실에서 몰래 자위행위를 하며 그동안 한 번도 경험해보지 못한 짜릿하고 잊을 수 없는 성적 쾌감을 느꼈다고 한다. 이후로 그는 군 생활에서 가끔 스트레스가 쌓이면 다른 사람의 군화를 훔쳐 성적 만족을 위해 사용했다.

제대한 뒤 혼자 자취했는데 간혹 자신도 모르게 군화를 사용했을 때의 기억이 떠올랐다고 한다. 하지만 일반 사회에서 남이 사용한 헌 군화를 찾는 것은 쉽지 않았다. 그는 자신이 왜 그런 이상한 생각을 하는가 싶어 죄책감에 괴로웠다고 한다. 그러던 중 우연히 동네 헬스장 신발장에서 사용 후 널브러져 있는 운동화를 발견했다.

땀 냄새가 나는 헌 운동화는 예전의 군화를 떠올리게 했다. 그는 뭔가에 홀린 듯 운동화를 훔쳤고 자신도 모르게 자위행위를 하면서 예전에 느꼈던 짜릿한 쾌감을 경험하게 된다. 이게 시작이었다. 이후 M은 영업이 끝난 헬스장을 돌아다니며 복도에 따로 신발장이 있는지 보고 몰래 헌 신발을 훔쳤다. 혹시 새 신발을 보면 어떨까 싶어 신발

매장에서 일하기도 했는데 새것으로는 그런 만족감이 전혀 느껴지지 않았다고 한다.

이것은 분명 절도 범죄에 해당하지만 헌 신발을 훔치는 것이 중범죄는 아니기에 그게 무슨 문제인가 싶을 수도 있다. 문제는 증상이 헌 신발을 훔쳐 혼자 집에서 자위행위를 하는 것으로 끝난 게 아니라는 데 있다. M은 점차 더 큰 자극을 원하기 시작했다. 나중에는 자기 성기를 누군가에게 노출하면 어떨까 해서 어두운 골목에서 누군가가 오기를 기다렸다가 일부러 성기를 노출한 적도 있었다.

나는 M을 정신감정하면서 변태성욕장애 문제를 그저 괴이한 사람들의 이상한 행동이라고 여기는 자세에서 한 발 물러나게 됐다. M은 물품음란증 증상으로 일상생활에 문제가 있었고 스스로 멈추고 싶지만 도저히 그럴 수 없어 괴로워하고 있었다. 그렇다고 한들 현실판단능력이 부족하거나 사회통념적 이해가 떨어지는 것은 아니었기에 결국 그는 자기 행동에 책임을 져야 했다. 그러나 최종적으로는 M이 행동 조절에 도움을 줄 정신의학적 치료를 원한다면 반드시 도와주는 것이 마땅하다는 생각이 들었다.

치료 의지가 높지 않은 사람을 진료하는 것

앞서 얘기했듯 변태성욕장애 환자가 법적인 문제를 일으키지 않은 채 스스로 치료받으러 오는 경우는 거의 없다. N도 마찬가지였다. 내가 유독 N을 기억하는 이유는 그의 기록을 보던 중 친한 후배 의사의 이름을 발견했기 때문이다. 다른 지역에서 정신과 의원을 개원한 후배라 얼굴을 자주 볼 수 없었는데 생뚱맞게 피의자 진료 기록에서 이름을 마주하니 반가운 마음이 앞섰다. 역시나 N이 스스로 그 후배의 의원에 내원한 게 아니었다.

그는 버스에서 여성의 허벅지만 보면 만지는 행동을 반복했다. 계속 전과가 생기자 재판에서도 그에게 벌금형을 내리거나 교도소에 보내는 것으로는 재범을 막을 수 없으리라고 판단했다. 그런 이유로 정신과 의원에서 외래통원치료를 받으라고 한 것이다.

N의 진료 기록으로 미뤄볼 때 그는 그다지 성실한 환

자는 아닌 듯했다. 기록을 남기기 위해 억지로 병원에 다니기는 했으나 담당 의사에게 자신은 아무 문제가 없고 재판을 받은 것도 진짜로 여성의 허벅지를 만진 게 아닌데 오해로 그랬다는 둥 상당히 퉁명스럽고 반항적인 태도를 보였다.

이처럼 치료 의지가 높지 않은 사람을 진료하는 것은 정신과 의사에게도 매우 힘든 일이다. 게다가 아무리 정신과 의사라 해도 병원에 오는 것 자체를 싫어하는 사람을 데리고 할 수 있는 것은 사실상 거의 없다. 그리고 그 효과도 별로 좋지 않다.

역시나 N은 병원 진료를 받는 중에도 버스에서 여성을 성추행하려다 미수에 그쳤다. 그것도 모자라 하의를 벗은 채 밤에 돌아다니다가 혼자 걷고 있는 여성을 발견하고는 집까지 따라 들어가 강간하려다 이웃들에게 붙잡혀 미수에 그친 사건으로 재판을 받게 되었다. 과거 정신과 진료 기록이 있다 보니 혹시나 정신의학상의 평가로 성충동 약물치료를 해야 하는지 알아보기 위해 정신감정을 의뢰한 것이었다.

N은 과거 정신과 진료 기록처럼 정신감정을 위해 국립법무병원에 온 뒤에도 여전히 자기 행동을 변명하기에 바빴다. 일부러 그런 게 아니다, 뭔가 오해가 있었던 것 같다, 그때 너무 힘들어서 솔직히 내가 무슨 행동을 했는지 기억나지 않는다, 피해자에게 너무너무 미안하다 같은 이야기가 이어졌다.

나는 N의 이런저런 변명을 들으며 그동안 받은 정신과 치료는 과연 어떤 의미였을지 궁금했다. 그리고 N의 그런 변명에 정신과 진료 기록을 이용하는 것이 과연 바람직한가 싶어 일종의 회의감도 들었다.

정신과 외래에서도 이런 사람을 만나면 기운이 빠진다. 이를 '2차 이득'이라고 한다. 대표적으로 병역판정 여부에 영향을 주는 병무용 진단서가 있다. 물론 진짜 정신질환 때문에 군 복무에 문제를 줄 상황이면 당연히 진단서를 제출하고 현역으로 복무하기보다 사회복무요원이나 군 면제를 고려하는 것이 맞다. 하지만 간혹 병무용 진단서를 제출하고 어떻게든 군대 문제를 피해 보려고 꼼수를 부리는 사람도 있다.

N이 만약 정신질환 때문에 괴로워하고 진심으로 반성을 하는 모습을 보였다면 당연히 정신질환을 치료할 기회를 주어야 하고 재판에서도 그것을 참작해야겠지만, 과연 N이 정신과에서 치료받은 시간을 그렇게 생각할지는 잘 모르겠다. 나는 그저 그가 자신의 범죄에 따른 형량을 줄이기 위한 2차 이득을 얻고자 정신과 진료를 이용한다는 생각이 들었다.

변태성욕장애도 병이다

그나마 N처럼 겉으로 변명이라도 하는 사람은 일말의 양심이 있는 편이다. O는 몹시 기분 나쁠 정도로 조금도 협조하지 않은 피감정인이었다. 특이하게도 O는 변태성욕 특성이 다양하게 나타났다. 우선 반복해서 자기 성기를 일부러 노출하고 자위행위를 했으며 지하철 같은 공간에서 여성을 만지고 추행하는 일도 서슴지 않았다.

그가 이런 성범죄를 반복하자 검찰은 성충동 약물치료가 필요한지, 그의 정신질환은 무엇인지, 혹시나 심신미약에 해당하는지 알기 위해 정신감정을 의뢰했다.

O는 자신이 왜 정신감정을 하느라 정신병원에 한 달 동안이나 있어야 하느냐며 불만으로 가득했다. 오히려 계속 변명으로 일관하긴 했어도 협조하려 하고 질문에 성의 있게 대답한 N이 양반으로 보일 정도였다. O는 간호사와의 면담이나 정신과 의사와의 면담에서 거의 단답형으로만 답하고 나중에는 병실에도 제대로 들어가지 않으려 해서 결국 보호실을 사용했다.

O는 며칠간 보호실에서 잘 버티는 듯하더니 자신을 빨리 원래 있던 교도소로 보내달라며 막무가내로 조르기 시작했다. 왜 그러냐고 이유를 물으니 퉁명스럽게 자신은 정신감정을 원하지 않았고 미친 사람도 아니며 대체 왜 자기가 여기에 있는지 모르겠다고 말할 뿐이었다.

그러나 법원에서 의뢰한 이상 내게는 그 사람을 감정할 의무가 있었다. 내가 정신감정의 목적과 해야 할 검사를 설명해도 O는 전혀 들으려고 하지 않았다. 그러더니 그 불만을 표출하려는 목적이었는지 사회에서 했던 노출 행위를 그대로 병실에서 하기 시작했다.

내가 다른 병동에서 회진하고 있는데 정신감정 병동

의 수간호사가 다급한 목소리로 내게 연락했다. O가 퇴원을 요구하더니 갑자기 바지를 벗고 성기를 노출한 채 자위행위를 했다는 얘기였다. 밖에서 했던 행동을 그대로 반복한 것이다. 이런 행동은 정신질환 증상이라기보다 자기 마음대로 하려고 하는 반사회적 성향을 그대로 드러내는 것이라고 볼 수 있다. 그야말로 남의 시선 따위는 고려하지 않은 채 그냥 욕구를 표출하고 일부러 다른 사람에게 불쾌감을 주려는 행동이다.

O에게 성기 노출 행위는 폭행이나 욕설처럼 다른 사람에게 매우 폭력적인 일이라고 설명했으나 O는 귀담아듣지 않았다. 정신감정 기간 내내 O는 그와 비슷한 태도를 유지하다가 돌아갔다.

최근에도 성범죄 관련 논란은 끊이지 않고 있다. 대검찰청 통계에 따르면 2021년 3분기 전체 성폭력 범죄 발생 건수는 2020년 3분기 발생 건수에 비해 11.8퍼센트 증가한 것으로 나타났다. 그와 더불어 성범죄를 반복하는 경우 일명 화학적 거세, 성충동 약물치료를 고려하는 사례가 늘고 있다. 이를 위해서는 정신감정을 거쳐 변태성욕

성향이 있는지 알아내야 하기에 성범죄자도 정신감정을 의뢰한다. 성충동 약물치료는 시행 중에 재범을 일으킨 사람이 없다고 알려진 상당히 효과적인 범죄 예방법이다. 물론 평생 이 약물치료에 의존할 수는 없겠지만 교도소에 가두지 않고 사회에서 범죄를 예방할 수 있다면 해볼 만한 방법이지 않을까 싶다.

변태성욕장애도 병이다. 정신과 치료는 당연히 이들의 행동 조절에 도움을 준다. 정신과 진료 문턱이 좀 더 낮아지면 이런 사람도 쉽게 자기 문제를 인식하고 치료받지 않을까.

9

자폐증과 정신감정

자폐증은 보통 자폐스펙트럼장애로 불린다. 증상이 워낙 다양하고 스펙트럼처럼 보인다고 해서 그렇게 명명한다. 《정신질환의 진단 및 통계 편람》 진단 기준은 자폐스펙트럼장애를 이렇게 정의한다.

"다양한 분야에 걸쳐 나타나는 사회적 의사소통과 상호작용의 지속적인 결함, 제한적이고 반복적인 행동·흥미·활동, 초기 발달 시기부터 증상 발현, 증상이 사회적·직업적 또는 다른 중요한 현재 기능 영역에서 임상적으로 뚜렷한 손상을 초래해야 한다."

그러니까 어릴 때부터 사회적으로 남다른 여러 가지 행동 증상을 보여야 한다는 얘기다. 대개는 부모의 피나는 노력으로 겨우겨우 일상을 유지하며 살아가지만, 자칫 하면 범죄로 이어질 수 있다. 일단 범죄를 저지르면 사건 당시 증상과 어떤 연관성이 있는지 정확히 알아보기 위해 재판 과정에서 정신감정을 의뢰한다.

나이보다 더 어려 보이는 20대 초반 남성 P는 경찰과 어머니가 함께 국립법무병원에 데려왔다. 정신감정을 하러 오는 피의자는 대부분 구속 상태다. 간혹 불구속 상태인 경우도 있는데 이럴 때는 보통 자폐나 치매가 심하다. P도 어릴 때부터 심한 자폐로 특수학교를 나왔고 졸업한 후에는 거의 사회생활을 못 하고 어머니의 도움 없이는 일상생활조차 어려운 정도였다.

성인이 된 P는 독특한 것에 관심이 꽂혔는데 바로 어린아이 기저귀였다. 동네 슈퍼에 가면 기저귀 상품 진열대를 계속 쳐다보기 일쑤였고, 마트나 백화점의 유아 휴게실에서 어린아이 울음소리가 들리면 막무가내로 들어가 엄마가 아이의 기저귀를 갈아주는 것을 뚫어져라 쳐다보다가 괜한 오해를 받기도 했다.

어느 날 P는 기차를 타기 위해 어머니와 함께 기차역

에 갔다. 어머니가 잠시 한눈을 판 사이 혼자 육아 휴게실에 들어간 P는 때마침 어떤 아기의 기저귀를 갈아주는 장면을 보았다. 그것을 보고 뭔가 자극을 받았는지 기저귀를 갈아주는 엄마의 바로 뒤에서 바지를 내리고 자위행위를 했다. 뭔가 이상한 느낌에 뒤를 돌아본 그 엄마는 소스라치게 놀랐고 뒤늦게 그 모습을 발견한 P의 어머니가 백번 사죄했으나 성추행 혐의를 벗을 수 없었다. 그렇게 불구속 상태에서 정신감정을 하러 온 것이었다.

자폐증 환자의 경우 익숙하지 않은 환경에 적응하는 것은 매우 큰 스트레스다. 교도소나 정신병원같이 갇혀 있는 곳에서는 더욱더 그럴 수 있다. 그래서 중범죄나 반복성 범죄가 아니면 대부분 불구속 상태에서 정신감정을 진행한다. P도 어머니의 요구가 있었고, 심리 상태가 여러 가지로 불안정하다는 것을 근거로 구속되지 않고 집에서 지내다가 정신감정을 하러 온 것이었다.

사실 정신과 병동에 자폐증 환자가 오면 직원들은 적어도 일주일 이상 힘들다. 입원치료가 아닌 정신감정을 하러 왔어도 어쨌든 한 달 동안은 치료받는 것과 유사한 환경에 있어야 하기에 병동에 적응하게 해야 한다. 그런데 다른 병동과 달리 보호자가 들어올 수 없는 환경이라 환자도 힘들고 직원들도 난감하다. 처음에는 식사, 세면, 용변 등 사소한 것 하나하나까지 돌봐줘야 하기 때문이다.

어찌어찌 적응해도 정신감정을 하는 정신과 주치의 역시 대하기가 참으로 어렵다. 우선 면담할 때 의미 있는 대답을 듣기가 매우 어렵다. P에게 왜 그런 행동을 했는지 묻자 그저 "기저귀, 기저귀"라며 같은 단어만 연거푸 말할 뿐이었다. 이럴 때는 피의자보다 보호자와의 면담으로 정보를 얻을 수밖에 없는데 정신감정에서는 일반적 정신과 진료와 달리 보호자의 역할이 조금은 애매하다. 사건 당사자가 피의자라서 보호자의 진술이 오히려 사실을 오염시킬 수 있기 때문이다.

보호자 진술이 재판에서 공식 인정하는 증거자료가 아니라는 것도 문제다. 그래서 보호자 진술을 청취해 정신감정의 근거로 삼는 것을 그리 권장하지 않는다. 법적으로 문제가 될 수 있어서다. 그렇지만 스스로 설명할 능력조차 없는 사람을 정신감정할 때는 어쩔 수 없이 보호자의 진술을 참고해야 한다.

P의 어머니는 P가 10대 후반부터 부쩍 성적 관심이 높아졌다고 했다. 그러나 타인과의 관계에서 이성에게 보이는 관심을 적절히 표현하고 감정적·정서적 만족을 얻는 능력이 부족한 탓에 혼자 자위행위를 하는 일이 많았고 특히 아기 기저귀에 몰두했단다. 물론 P는 의식적으로 나쁜 의도를 가지고 그런 것이 아니지만, 당하는 사람 입장에서 P의 행위는 굉장히 불쾌하고 당혹스러울 수밖에 없다. 그러나 자기 행동이 사회통념상 받아들여질 수 없음을 이해하기에 P는 인지능력이 부족했다.

병동에서 P는 한 달 동안 언제 집에 가느냐는 말만 수만 번 반복했을 뿐 간호사나 감정의사와의 면담, 임상심리평가에서 적절한 정보를 제공할 만한 의미 있는 말을 하지 못해 다들 고생했다. 자폐증 환자는 대개 심신상실이라는 정신감정 결과가 나온다. 이들에게 사물변별능력과 의사결정능력이 모두 없다고 판단하기 때문이다. 그래서 굳이 치료감호형을 따로 내리는 것을 권고하지도 않는다.

정신감정을 한 뒤 치료감호형을 받아 국립법무병원에서 입원치료해야 한다고 권고하는 경우는 시간과 돈과 노력을 들여 입원치료하면 그것이 의미 있는 결과를 내리라고 판단할 때다. 예를 들어 조현병은 증상이 심할 경우 입원치료로 집중해서 약물치료를 해야 한다. 또한 입원하는 동안 앞으로 그 병을 어떻게 관리하고 치료해야 하는지 병식 교육과 면담치료를 진행하는 것이 환자의 예후가 좋아지는 데 도움을 주고 결과적으로 재범도 방지한다.

반면 자폐증이나 심한 지적장애처럼 약물치료의 한계가 분명하고 입원 환경이 오히려 환자에게 스트레스를 주는 경우에는 치료감호형을 받아 입원하는 것이 무의미하다. 이는 쉽게 말해 국민 세금으로 가성비가 떨어지는 치료를 하는 셈이다. 그래서 치료감호형보다는 통원치료 수준의 약물치료를 권고한다.

바로 이런 이유로 감정의사는 딜레마를 경험한다. 심신상실의 경우 문제를 일으킨 사람은 자신의 범죄를 책임지지 않는다. 즉, 따로 병과형倂科刑◇을 받지 않고 무죄가 된다. 그렇다면 그 사람은 정말 무죄인가? 분명 피해자가 존재하는데 가해자에게 책임능력이 없다고 아무도 죄를 책임지지 않는 게 과연 옳은 것인가?

당연하게도 이런 일이 발생하면 피해자 측은 크게 분노한다. 그리고 재판을 진행하는 사람들은 부담이 커진다. 이럴 때 심신상실 결과를 받아도 판사는 종종 피의자에게 교도소가 아닌 국립법무병원으로 가도록 치료감호형을 선고한다.

Q가 바로 그런 경우였다. Q는 어린 시절에 자폐증으로 진단받은 중증 자폐스펙트럼 환자다. Q가 자폐스펙트럼 진단을 받은 이후 Q의 가족은 병을 피하지 않고 여러 가지 특수치료를 받게 하는 등 지극 정성으로 치료했다. 집에서 특수학교까지 가는 길이 꽤 멀었어도 어머니가 매일 데리고 다녔고 자폐에 관한 치료는 할 수 있는 한 다 해보았다. 그 덕분인지 Q는 비교적 큰 문제를 일으키지 않

◇ 동시에 두 가지 이상의 형벌에 처하는 형. 가령 징역형과 벌금형.

고 생활했다. 하지만 나이가 들면서 하나둘 행동 문제가 생겼는데 이는 Q가 소리에 관심을 보이고 소리 자극에 예민해지면서부터 시작되었다.

많은 자폐스펙트럼 환자가 여러 가지 자극에 남다른 반응을 보인다. 이를테면 매우 둔감하기도 하고 매우 민감하기도 하다. 그래서 자기 이름을 부르는 소리에 전혀 반응하지 않을 수도 있고 에어컨이나 청소기 소리처럼 일상에서 흔히 듣는 소리에도 힘들어하며 귀를 막을 수도 있다. 어떤 물건이 어떤 소리를 내는지 매우 궁금해하기도 한다.

Q는 어느 날부터 어떤 물건을 던졌을 때 소리가 나거나 나지 않는지 궁금해하기 시작했다. 그는 집에 있는 컵, 그릇, 공 등 물건을 가리지 않고 마구 던졌다. 알다시피 이처럼 물건을 던지는 것은 상당히 위험한 행동이다. 그 물건이 깨져서 다치거나 누군가가 맞을 수도 있기 때문이다. 가장 큰 문제는 살아 있는 것을 던졌을 때 발생한다.

성인이 되어서도 혼자서는 자기 앞가림을 할 수 없었던 Q는 계속 복지관에서 사회성을 기르고 일상생활을 유지하도록 여러 가지 특수치료를 받았다. 물론 혼자 가기 어려워 어머니가 데려가거나 사회복지 담당 선생님이 함께했다.

그렇지만 누군가가 24시간 내내 붙어 있는 것은 힘든 일이다. 사건이 일어난 날 사회복지 담당 선생님이 잠시 화장실에 간 사이 Q는 혼자서 복지관을 돌아다녔다. 이것저것 둘러보던 중 그는 아장아장 걷는 아기를 발견했다. 형이 복지관에 다니고 있어서 엄마와 함께 온 아기였다.

알다시피 아기는 몸집이 성인보다 작다. 갓 돌이 지난 작은 아기를 Q는 사람이 아니라 인형이나 동물 같은 느낌으로 인지했던 듯하다. Q가 아기를 본 그 순간 아기 엄마는 잠깐 치료받으러 온 형에게 신경 쓰고 있었고 Q는 호기심에 아기를 따라갔다. 그리고 그동안의 경험대로 걸어 다니는 아기를 던지면 소리가 나는지 나지 않는지 몹시 궁금했다. 20대 성인인 Q의 덩치에 비해 아기는 너무 작았다. Q는 아기를 번쩍 들어 2층에서 던져버렸고 아기는 그대로 사망했다.

이 사건은 두 가정 모두에 엄청나게 큰 비극을 안겼

다. 피해자 가정은 하루아침에 아기를 잃고 그야말로 망연자실했을 것이다. 아기 엄마가 얼마나 크게 자책하며 슬픔에 빠졌을지 감히 상상조차 할 수 없다. 하루아침에 살인자가 되어버린 아픈 아들 때문에 Q의 가정도 죄책감과 안타까움으로 힘들었을 것이다.

Q의 사건은 당연히 정신감정이 의뢰됐고 중증 자폐 스펙트럼에 해당하는 Q는 사물변별능력과 의사결정능력이 없다는 판단 아래 심신상실이라는 결과를 받았다. 감정의사는 Q가 정신과 입원치료로 자폐 증상이 완전히 좋아지는 것을 기대하기 어렵고 오히려 낯선 환경에서 악화할 수 있기에 치료감호형을 받아 국립법무병원에 입원하는 것을 권고하지 않았다. 그러나 재판에서는 이것을 받아들이지 않았다.

받아들일 수 없는 무죄

생각해보면, 아무리 심신상실일지라도 Q를 그냥 집으로 돌려보내는 것은 판사에게 너무 큰 부담이지 않았을까 싶다. 피해자 가족이 과연 이것을 용납하겠는가. Q에게는 현실판단능력이 없어서 무죄를 받을 수밖에 없다는 것을 머리로는 알아도 마음으로는 그럴 수 없었으리라. 졸지에 아기를 잃은 피해자 가족이 이 결과를 어떻게 받아들이겠는가. 결국 판사는 차선책으로 교도소는 아니지만 치료감호형으로라도 Q를 수용기관에 보낼 수밖에 없었으리라.

그렇지만 Q를 정신감정한 의사의 판단처럼 Q의 병은 정신과 입원치료가 큰 도움을 주지 않는다. 이 증상에는 정신과 약물치료로 충동성과 행동 문제를 교정하는 것이 필요한데, 이는 통원치료로도 가능하다. 오히려 집이 아닌 가족이 없는 낯선 환경에 적응하는 것이 Q의 증상을 더욱 악화시킬 수 있다. 이것을 아들의 상태를 잘 알고 있고 그동안 열심히 치료받게 한 어머니가 모를 리 없었다.

Q가 무죄인지 아닌지는 재판 과정에서 큰 쟁점이었다. 감정의사가 재판에 증인으로 출석까지 하면서 Q에게 형사책임능력이 없음을 설명했으나 살인이라는 중범죄를 저지른 Q를 그냥 집으로 돌려보내는 것은 한국의 법감정상 절대 받아들일 수 없는 일이었다.

결국 Q는 무죄였지만 치료감호형을 선고받았고 입

원치료를 위해 국립법무병원으로 왔다. 안타깝게도 이런 환자에게 해줄 수 있는 것은 한정적이다. 물론 주치의가 주기적으로 충동을 줄여주는 약물치료와 면담치료를 하긴 해도 이는 모든 정신질환에 해당하는 일반적인 치료이지 자폐스펙트럼에 특화한 것이 아니다. Q의 어머니는 이 점을 무척 안타까워했고 이는 입원 당시 주치의로 있었던 나도 마찬가지였다.

그러나 Q는 살인이라는 중범죄를 저질렀기에 일정 기간 수용이 불가피하다는 게 당시 법무부 치료감호심의위원회의 의견이었고 이를 따르는 수밖에 없었다. 결국 Q는 5년간 국립법무병원에 입원한 뒤 퇴원했다. 사실 그 5년이라는 기간은 어디서도 문서로 정해둔 것이 아니다. 그런데 내가 국립법무병원에 처음 입사했을 때 환자들 사이에 살인은 5년, 방화는 3년이라는 소문이 공공연하게 나돌 정도로 다들 자신이 감형해서 받은 병과형보다 더 오랜 시간을 국립법무병원에 입원해 있었다.

이는 국립법무병원 특성상 어쩔 수 없는 일이다. 나도 가끔 '이들은 그냥 환자구나' 싶다가도 병과형과 죄명을 확인하고 이들의 퇴원심사를 고민할 때마다 다시금 국립법무병원의 역할을 깨닫곤 했다.

Q의 경우 주치의나 어머니는 긴 입원이 의미가 없음을 알기에 계속 퇴원심사를 요청했다. 그렇지만 법무부 치료감호심의위원회의는 항상 퇴원불가 결정을 내렸고 치료감호를 유지하라고 했다. 살인이라는 중범죄를 저지른 죄인을 너무 짧은 기간 수용하는 것은 문제가 있다는 게 이유였다. Q를 바라보는 법조인의 시선과 정신과 의사의 시선은 다를 수밖에 없다.

말처럼 간단하지 않은 문제

Q뿐 아니라 자폐스펙트럼 환자의 가족, 그중에서도 특히 환자의 어머니는 자식의 정신건강 문제에 많은 죄책감을 안고 살아간다. 어머니의 마음이 대개 그러하듯 이들은 아픈 자식을 보며 애달파하고 자식의 증상이 자기 때문이라고 생각한다. 그래서 보통의 보호자보다 더 많은 것을 알아보고 적극적으로 요청하기도 한다. 일단 국립법무병원에 오면 제대로 된 치료가 어렵다는 것도 그들은 잘 알

고 있다.

R의 어머니도 늘 소소하게 사고를 치는 아들 때문에 법적인 문제를 여러모로 잘 아는 보호자였다. R은 자폐스펙트럼으로 서울의 여러 대학병원에서 약물치료를 받았지만 10대 후반부터 자꾸 공공장소에서 소리를 지르고 이유 없이 다른 사람을 자주 때렸다. 그 탓에 성인이 되자 재판도 자주 받았는데 그때마다 어머니의 읍소와 R의 상태가 감안되어 벌금형 정도로 넘어갔다.

그러나 이것도 한두 번이지 자꾸만 반복되자 재판부는 더 이상 봐줄 수 없다며 병과형과 함께 치료감호형을 선고했다. R의 어머니는 치료감호형은 아들을 치료하기에 부적합하다며 항소했다. 법원은 국립법무병원으로 사실조회서를 보내 현재 병원 내에 자폐스펙트럼 환자를 위한 특수치료 시설이 있는지 물어왔다. 당시 질문을 받은 나는 의아했지만 솔직하게 자폐스펙트럼 환자를 위한 시설을 전혀 갖추고 있지 않다는 답변서를 보냈다.

나중에야 나는 R의 재판이 당시 내가 보낸 답변서를 근거로 판결했음을 알았다. 판결 결과는 R이 국립법무병원에서 치료감호형을 살아야 한다는 것이었다. 단, 법무부는 국립법무병원에 자폐스펙트럼 환자를 위한 특수치료 시설을 만들어야 한다는 조건을 붙였다.

나는 이 판결을 보자마자 혼잣말로 욕을 했다. 그렇게 판사의 말 한마디로 뚝딱 특수치료 시설을 갖출 수 있다면 법무부에서 벌써 만들지 않았겠는가. 특수치료 시설이라는 것은 말처럼 그리 간단한 게 아니다.

우선 특수치료 시설을 감독하고 관리할 소아청소년 정신건강의학과 분과 전문의가 있어야 한다. 소아청소년 분과 전문의가 되려면 정신건강의학과 전문의가 전문의를 취득한 뒤 2년 동안 소아청소년 정신의학만 따로 수련하는 과정이 있는 전문병원에서 소아청소년 환자 진료 경험을 다수 쌓아야 하고 또 사례 분석으로 지도 전문의에게 감독받아야 하며 논문도 써야 한다. 이 과정을 거쳐 분과 전문의를 획득한 사람이라야 자폐스펙트럼 환자를 위한 특수치료 시설을 관리하고 감독하는 데 전문성이 있다고 볼 수 있다.

여기에 이 시설을 이용해 환자를 치료할 정신보건전

문치료사도 필요하다. 가령 정신보건전문간호사, 정신보건재활치료사, 언어치료사 등 많은 인력이 반드시 있어야 한다. 시설을 갖출 공간도 마찬가지다. 이 모든 복잡한 상황을 전혀 고려하지 않은 채 법원에서 덜렁 판결에 시설을 갖추라고 명령한다고 될 턱이 없다.

R은 국립법무병원에 입원하고도 계속 간호사와 다른 환자에게 이유 없이 소리 지르고 자기 말을 들어주지 않는다며 때리거나 TV를 부수는 행동을 했다. 다행히 그는 3년째 되던 해 어느 정도 안정을 찾아 퇴원했다.

그러나 그가 퇴원할 때까지도 자폐스펙트럼 환자를 위한 특수치료 시설은 갖춰지지 않았다. R이 입원해 있는 동안 보호자가 법무부에 여러 차례 문의했으나 변화는 없었다. 아마도 노력은 하겠지만 현실적으로 어렵다는 대답을 들었을 것이다.

내가 국립법무병원에서 근무하며 정신감정을 하는 동안 결과를 심신상실로 낸 적은 손에 꼽힌다. 그만큼 형사책임능력이 아예 없다고 하는 것은 정신과 의사에게도 부담스러운 일이다. 하지만 나는 내가 감정한 자폐스펙트럼 환자를 대부분 심신상실로 결론을 내렸다. 그만큼 그들의 병은 치료하기도 어렵고 증상을 예측하기도 힘들다.

이들은 가장 기본적인 사회관계를 맺는 것부터 힘들어한다. 자폐스펙트럼 환자들이 저지르는 범죄는 예측하기 어렵고 상식적으로 이해가 가지도 않지만 그들의 세계 안에서는 지극히 당연하게 일어나는 행동의 연장선상일 뿐이다.

2022년 방영된 인기 드라마 〈이상한 변호사 우영우〉나 〈금쪽같은 내 새끼〉를 보면서 사람들이 자폐스펙트럼 환자를 조금은 이해하게 되지 않았을까 싶다. 그저 이상해 보이던 모습이 실은 아픈 것이었고 그들도 그 나름대로 사회에 적응하고자 힘겹게 노력하고 있으니 말이다. 그러나 병의 증상 탓에 참으로 안타깝게도 범죄자가 될 수밖에 없을 때도 있다. 이럴 경우에 대비해 법무부나 보건복지부는 이들의 치료에 도움을 줄 수 있는 시설과 의료진을 확보해야 한다. 이는 자폐스펙트럼 환자의 재범 방지를 위해서라도 꼭 필요한 일이다.

10

치매 정신감정하기

나는 정신과 전문의를 취득한 뒤 대학병원에서 1년 가까이 노인정신의학 분과 전문의 과정을 수련했다. 자의 반 타의 반이었지만 돌아보면 참 귀한 경험을 했다고 생각한다. 비록 짧은 기간이었지만 그때 나는 노인층만 진료하면서 대표적인 노인정신질환 내용을 피부로 체득했다. 그 경험은 국립법무병원에서 일하는 데 큰 도움이 되었다.

대한민국은 세계에서 그 유래를 찾아볼 수 없을 만큼 급격하게 고령화하고 있다. 2000년 이후에는 65세 이상 노인 인구가 7퍼센트에 도달했고 2018년에는 14퍼센트를 넘어섰다. 그리고 2026년이면 전체 인구 중 20퍼센트가 65세 이상인 초고령화 사회에 진입한다. 노인 인구가 증가하면 당연히 치매 같은 노인정신질환 유병률도 늘어나는데, 2027년에는 국내 치매 환자가 약 100만 명에 이를 것이라고 한다.

치매는 대표적인 노인정신질환이다. 널리 알려졌다시피 치매는 판단력, 집행기능, 기억력, 성적 충동 등 인지기능의 여러 영역에 영향을 주어 결국 행동 문제를 일으킨다. 그리고 그런 문제는 어느 순간 반사회적 행동과 범죄를 유발하기도 한다. 치매를 앓기 전에 멀쩡했던 사람도 마찬가지다.

치매 환자가 일으키는 범죄는 매우 다양하다. 교통법규 위반 같은 경범죄부터 주취 폭력, 성범죄, 살인 등의 중범죄까지 그 범위가 아주 넓다. 안타깝게도 노인 인구가 증가하면서 범죄를 저지르는 노인의 비율도 함께 늘고 있다.

대검찰청이 2021년 발표한 자료에 따르면 2021년 3분기에 발생한 전체 범죄에서 고령 범죄자가 차지한 비율은 10.6퍼센트로 2020년 3분기의 9.6퍼센트에 비해 1.1퍼센트 증가했다. 2019년 3분기에 8.7퍼센트였다는 것을 감안하면 고령 범죄가 해마다 증가하고 있다고 분석할 수 있다.

하루하루 기억을 잃어가는 환자

검색창에 '노인 범죄'를 검색하면 치매 환자가 간병인을 대상으로 저지른 범죄가 자주 눈에 띈다. 치매 환자는 주로 간병해주는 사람하고만 지낸다. 그래서 피해자는 대부분 부인이나 간병하는 자녀다.

S 할아버지도 계속 알츠하이머 치매로 치료받던 사람이었다. 1년 전부터 점차 기억력이 떨어진 그는 일상생활에서도 문제를 겪고 있었다. 분명 밥을 먹고도 자꾸 먹지 않았다며 다시 밥을 찾고 물건을 어딘가에 두고 기억하지 못했다. 특히 통장이나 재산 관련 서류를 어디에 두었는지 잊고는 함께 사는 아내를 의심했다. 처음에는 몇 번 찾아주던 가족도 그런 일이 반복되자 힘들어졌다. 직장으로 가는 길도 기억하지 못해서 혼자 집 밖에 나가는 것이 위험해지는 바람에 원래 하던 경비 일도 그만둘 수밖에 없었다.

S 할아버지의 증상은 날이 갈수록 심해졌다. 병원에 가서 약을 탈 때도 자기가 지난달에 병원에 온 적이 없는데 누구에게 약을 준 것이냐며 의사와 간호사에게 화를 냈고, 병원 기록을 위조한 것 같다며 의심하기도 했다. 또한 누가 집에 있는 쌀을 훔쳐 갔다고 경찰을 부르고 외도하는 남성에게 준 것 아니냐며 갑자기 아내의 목을 조르고 때렸다.

그러던 어느 날 S 할아버지는 어린 손자를 돌보던 아내에게 자신을 무시하지 말라고 소리를 지르더니 갑자기 부엌에서 칼을 가져와 찔렀다. 아내는 그 자리에서 사망했고, 경찰이 S 할아버지를 발견했을 때 할아버지는 매우 혼란스러운 표정으로 칼을 들고 있었다고 한다. 그런데 그토록 끔찍한 사건을 저지른 S 할아버지는 자신이 왜 정신감정을 받으러 왔는지 잘 모르고 있었다.

무슨 사건이 일어났는지 아느냐고 물으면 S 할아버지는 아내가 잘못한 거라고 소리를 질렀다. 면담을 반복할수록 할아버지는 자기가 있는 곳이 병원이라는 것도 헷갈리고 아내를 살해했다는 것도 잊어갔다. 더러는 간호사실

앞으로 찾아가 자기가 경비 일을 마치고 퇴근해야 하는데 나가는 문을 못 찾겠다며 어찌할 바를 몰라 했다.

그동안 나는 치매 환자를 많이 보아왔다고 생각했는데 한 달간 입원하면서 기억을 잃어가는 것이 하루하루 다른 환자를 본 경험은 그때가 처음이었다. 그렇게 S 할아버지는 자신이 아내를 죽였다는 사실조차 잊은 채 정신감정을 마쳤다. S 할아버지가 처음 입원할 때는 어느 정도 기억력을 유지했고 또 사건 당시에도 그런 것으로 보여 심신상실이 아닌 심신미약으로 결론을 내렸다. 하루하루 기억이 희미해지는 할아버지를 보면서 치매라는 병이 얼마나 슬픈 병인지를 느꼈다. 익숙한 사람들도, 나 자신조차도 모두 희미해지는 상황이라니. 그런 혼란은 차마 상상할 수도 없는 느낌일 듯했다. 그 뒤에도 나는 정신감정에서 가끔 치매 환자를 만나거나 치료감호형을 받고 온 할아버지를 볼 때마다 S 할아버지가 생각났다.

그 일 이후 6개월이 지난 어느 날 나는 한 뉴스 기사에서 S 할아버지를 만났다. 뉴스 제목을 보자마자 나는 단박에 'S 할아버지구나' 하고 알아볼 수 있었다. 할아버지는 교도소가 아닌 어느 요양병원에서 입원치료를 받고 있었다. 기사에 따르면 할아버지의 재판은 법정이 아닌 병원에서 열렸다.

정신감정으로 S 할아버지가 중증 치매를 앓고 있음을 확인한 판사는 굳이 그 할아버지를 교도소에 구속하라고 하지 않았다. 또한 법정으로 부르지도 않고 직접 병원으로 가서 출장 재판을 열었다.

원래 S 할아버지는 1심에서 징역 5년을 선고받았다고 한다. 하지만 항소심에서 재판부는 치매를 치료받는 조건으로 S 할아버지를 석방했고 결국 교도소 대신 치매를 치료하는 병원에 입원한 것이었다. 항소심 결과는 1심보다 낮은 형량인 징역 3년이었고, 징역형 집행을 5년간 유예했다. 집행유예 기간에는 집이 아닌 치매를 치료하는 병원에 입원하도록 주거지를 제한했으며 치료와 보호관찰을 의무화했다.

이 기사를 보고 나서 오랜만에 내가 정신감정을 하는 의사라는 사실이 뿌듯한 마음이 들었다. 정신감정서에는 피감정인의 정신의학적 상태와 함께 치료를 권고하는 내용을 꼭 쓴다. 비록 범죄자이긴 해도 동시에 환자였기에 나는 해당 피감정인이 조금이라도 더 정신과 치료를 손쉽게 받을 수 있으면 좋겠다는 생각을 꾹꾹 눌러 담아 적는다. 그러나 그걸 쓰면서도 과연 재판부에서 이 권고를 얼마나 의미 있게 고려해줄지 의문이 들곤 했다. S 할아버지의 판결을 보면서 나는 그동안 내가 했던 노력이 아주 쓸모없는 것은 아니었구나 싶은 생각이 들었다.

피해자로 전락하는 가족들

S 할아버지의 사건은 어떤 특수한 상황이라거나 그 집만의 일이 아니다. 치매 간병은 상상보다 더 큰 희생과 노력이 따르기 마련이며 견디기 힘든 일이다. 그래서 고령화 사회에 발맞춰 2017년부터 치매 국가책임제라는 복지 정책이 나왔고, 2018년부터는 진료비를 보조해주는 한편 전국 보건소에 치매안심센터를 만들고 치매안심병원을 확충했다. 그러나 여전히 치매 간병은 상당 부분 집에서 가족들의 돌봄에 의지하는 경우가 많다. 가정에서 치매 환자를 돌보는 일은 가족 갈등을 넘어 가족 해체까지 초

래한다. 기한 없는 치료와 간병 탓에 가족이 겪는 신체적, 심리적, 경제적 고통은 이루 말할 수 없다. 그 과정에서 가족은 피해자로 전락하기도 한다.

2021년 4월의 어느 날 치매를 앓던 T 할아버지는 집에서 잠자던 아들을 흉기로 살해했다. 할아버지는 평소 치매 약을 계속 먹었고 낮에는 주간보호시설에서 지냈다. 할아버지는 왜 자신이 낮에는 보호시설에 있고 밤에는 다시 집에 가는 것인지 혼란스러웠다. 그런 상황에서 할아버지는 갈수록 고집이 늘어갔다.

아들은 답답했다. 예전 같지 않은 아버지의 행동에 많이 지쳤으나 간병 책임을 다하려 했고 사건 전날에도 퇴근 무렵 아버지를 데리러 가기 위해 주간보호센터에 들렀다. 그날도 T 할아버지가 왜 내가 모르는 당신을 따라서 가야 하느냐고 고집을 부리는 바람에 아들은 아주 힘겹게 아버지를 모시고 집으로 왔다.

일은 그날 밤에 벌어졌다. T 할아버지는 여태껏 살아온 자기 집이 너무 낯설었고 불안했다. 낮에 있던 보호시설이 원래 자기가 살던 집 같았다. 자신을 낯선 곳으로 데

려온 젊은 남자가 아들이라는 생각도 들지 않았다. 그는 그곳을 탈출해 낮에 있던 곳으로 가야 했다. 하지만 저 젊은 남자가 자신을 가로막을 것만 같았다. T 할아버지는 잠자던 아들을 흉기로 살해했다. 그뿐 아니라 이를 말리던 아내를 마구 폭행했다. 결국 그는 재판을 받아야 했다.

재판을 하는 동안에도 T 할아버지의 기억력은 계속 희미해졌다. 그는 자신의 생년월일은 말할 수 있었으나 살던 아파트의 호수는 기억하지 못했다. 또 자기가 왜 재판을 받는지, 누구를 죽여서 거기에 오게 되었는지 전혀 기억하지 못했다. 앞서 아내를 살해한 S 할아버지와 비슷한 경과였다. 정신감정을 하면서도 T 할아버지는 몹시 혼란스러워했다. 그는 낮에 멀쩡하게 병동을 돌아다니거나 일상생활을 하다가도 갑자기 간호사실에 가서 여기가 어딘지, 왜 자기가 이곳에 있는지 묻고 또 물었다.

정신감정에서 이러한 치매 할아버지를 만나면 참으로 안타깝다. 그렇지만 모든 노인이 치매 환자는 아니듯 기억력 장애가 있다고 해서 다 심신장애가 있다고 하지는 않는다.

치매라기엔 너무 멀쩡했던 아저씨

U는 노인이라고 하기엔 다소 젊은 60대 초반 남성이었다. 최근에는 노인을 만 65세 이상으로 정의하므로 60대 초반 나이는 할아버지가 아니라 아저씨라 할만 했다.

요즘 치매 국가책임제 사업이 활발해지면서 보건소에서 기억력 검사로 치매 선별검사를 받는 사람이 많다. U도 예전 같지 않은 기억력을 염려해 기억력 검사를 받았다. 그리고 지금은 큰 문제가 없지만 노화에 따른 기억력 저하와 인지기능 저하가 진행될 수 있으니 원하면 큰 병원에 한번 가보라는 권고를 받았다. U는 지역 대학병원을 한 차례 방문했는데 그곳에서도 현재는 특별한 문제가 없다며 따로 약물 처방을 해주지 않았다. 대신 그는 6개월에 한 번씩 정기적으로 기억력 검사를 해보는 것이 좋겠다는 소견을 들었다.

이후 U는 일상생활에 특별한 문제없이 농사를 지으며 지냈다. 원래 술을 먹으면 필름이 끊기고 가끔 부인이나 다른 가족을 귀찮게 하긴 했어도 범죄로까지 이어질 정도는 아니었다. 그는 술을 먹고 나서 기억을 잃는 것에 스스로 조심해야지 하고 생각했으나 항상 그때뿐이었다. 그러던 어느 날 U는 술을 먹고 자기 집인 줄 알고 옆집에 들어갔다가 거기서 자고 있던 50대 여성의 가슴을 충동적으로 만지고 도망쳤다. 피해자가 경찰에 신고하면서 그는 재판을 받게 되었다.

U의 가족은 그가 과거에 치매 검사를 받은 사실을 기억하고는 재판부에 정신감정을 신청했다. 국립법무병원 면담실에서 U를 처음 만났을 때 나는 그가 중증 치매는 아니구나 하는 확신이 들었다. 그는 비교적 정신이 명료했다.

다른 치매 할아버지들과 달리 그는 사건의 전후 사정을 정확히 이해했고, 자신이 기억력 저하로 검사받은 적이 있는데 그것을 재판에 어떻게 활용할 수 있는지 자세하게 물었다. 면담에서뿐 아니라 기억력 검사에서도 U의 기억력에는 큰 문제가 없었다. 나는 그의 정신감정을 심신건재로 결론지었다.

루이소체 치매의 특별한 점

노인 환자를 정신감정할 때는 다른 경우보다 더 객관적인 검사가 중요하다. 두뇌의 기질적 문제로 행동 문제가 생기는 사례가 많기 때문이다. 게다가 치매를 일으키는 원인도 여러 가지다. 가장 흔하게 발병하는 알츠하이머 치매는 노화가 중요한 위험인자다.

이 경우 기억력 검사뿐 아니라 두뇌 MRI검사에서도 해마 용적이 줄어들고 대뇌피질 두께가 얇아진 것을 관찰할 수 있다. 이것을 확인하기 위해 정신감정을 할 때도 MRI를 촬영해 확인한다. 질병에 관한 근거는 많으면 많을수록 좋다.

치매의 종류에는 혈관성 치매, 픽병⬠이나 파킨슨병에 따른 치매 등 여러 가지가 있는데 그중에서도 루이소체 치매는 독특한 증상을 호소한다. 루이소체 치매는 알츠하이머 치매에 이어 두 번째로 흔한 퇴행성 뇌 질환이다.

1921년 파킨슨병 환자에게서 루이소체라는 병변을

⬠ 전두엽의 진행성 퇴행 질환.

처음 발견했고 1960년에는 대뇌피질의 루이소체 사례도 나왔다. 루이소체 치매라는 이름이 다소 생소할 수 있지만 실은 이들이 치매 환자군의 약 31퍼센트에 이른다는 연구 결과도 있다. 국내 유병률은 1퍼센트 정도지만 임상 진료에서 루이소체 치매를 놓치고 오진하는 경우가 상당수라 실제로는 더 많을 거라고 본다.

루이소체 치매를 앓는 환자나 보호자가 가장 많이 호소하는 증상은 역시 인지기능 저하다. 이것은 비단 루이소체 치매에만 국한된 증상이 아니라서 이 증상만 호소할 때는 루이소체 치매라고 진단하지 않는다.

루이소체 치매의 특별한 점은 대부분의 환자가 환시를 호소한다는 것이다. 사실 조현병에서도 환시는 생각보다 흔하지 않다. 물론 조현병에서 환각 증상은 다 나타날 수 있지만 많은 환자가 주로 환청을 호소한다.

루이소체 치매 환자의 환시는 독특하게도 색감을 생생하게 표현한다는 특징을 보인다. 보호자들은 환시뿐 아니라 피해망상 같은 정신병 증상을 인지기능 저하보다 더 두드러지게 발견하기 때문에 처음에는 루이소체 치매가 아닌 조현병 같은 정신질환을 먼저 의심한다. 그러나 조현병의 호발好發○ 나이는 보통 20~40대다. 60대 이상에게 갑자기 생긴 정신병 증상은 조현병보다 다른 병일 확률이 높다. 머릿속에 종양이 생겼거나 아니면 출혈 또는 뇌경색일 수 있다. 그것도 아니면 루이소체 치매 같은 질환일 수 있다.

온종일 개구리가 보이는 할아버지

V 할아버지는 길거리에서 노숙하던 사람이었다. 어릴 때 부모님이 돌아가시는 바람에 보육원에서 살았고, 간신히 중학교까지 졸업한 뒤 공장에서 생산직으로 일하다 공사장을 전전하며 근근이 생활했다. 결혼하지 않고 혼자 전국 공사장을 다니며 일했는데 일이 고되다 보니 자연스레 술을 많이 먹었다고 한다.

세월이 흐르면서 V 할아버지는 힘에 부쳐 더 이상 공사장 일을 하기가 어려웠다. 그래서 기초생활수급자로 생

○ 자주 발생하거나 잘 발생함.

계를 유지하고 있었는데 이마저도 인지기능 저하로 점점 돈 관리를 하지 못했다. 더구나 언젠가부터 V 할아버지의 눈에 초록색 개구리가 계속 보였다고 한다. 특이하게도 루이소체 치매에서 나타나는 환시는 총천연색인 경우가 많은데 V 할아버지도 그랬다.

어딜 가도 온종일 개구리들이 눈에 보여 할아버지는 몹시 힘들었다. 누가 자신을 괴롭히려고 일부러 개구리들을 풀어놓은 게 아닌가 하는 생각마저 들었다. 자신을 괴롭히는 사람을 잡으러 가야겠다고 생각한 할아버지는 그날부터 집에서 자지 않고 매일 밤 길가를 헤매며 노숙 생활을 했다.

V 할아버지는 평생 혼자 살아왔다. 가족이 있었다면 그런 변화를 금방 눈치채고 병원에 데려갔을 테지만 그에게는 그럴만한 주변 사람이 아무도 없었다.

어느 날 V 할아버지는 길가에서 자기들끼리 모여 웃고 있는 여중생을 보았다. 여중생들은 그들 뒤에 V 할아버지가 있는지조차 알지 못했다. 그때 할아버지의 눈에 개구리가 보였고 그 옆에서 마치 자신을 비웃는 듯한 여중생들의 모습에 너무 화가 났다. 그는 길에 있던 돌을 들고 여중생들에게로 달려갔다. 다행히 돌에 맞은 사람은 아무도 없었으나 위험한 행동이라 경찰에 신고가 들어갔고 결국 V 할아버지는 정신질환을 의심받아 정신감정을 하러 왔다.

V 할아버지 같은 경우는 굉장히 어려운 사례다. 우선 가장 중요한 환시와 망상이 생긴 시점을 전혀 파악할 수 없었다. 가족이 없다 보니 과거에도 그런 증상이 있었는지 아니면 요즘 생긴 증상인지 알 길이 없었다. 피의자에게 제대로 대답할 능력이 없으면 가족을 불러 물어야 하는데 그것이 불가능했다.

V 할아버지를 정신감정할 당시 나는 조현병이 아닐까 생각했다. 피해망상과 환시가 아주 뚜렷했고 그것 때문인지 현실판단능력이 많이 떨어지고 퇴행도 상당했기 때문이다. 그래서 조현병 증상을 원인으로 사건을 저질렀다고 보고 심신미약으로 결론지었다.

정신감정이 끝나고 3개월 후 V 할아버지는 치료감호형을 선고받고 입원치료를 위해 국립법무병원에 왔다. 그

때부터 병동에서 이 할아버지를 좀 더 자세히 관찰했는데 점차 전형적인 조현병 양상이 아닌 것이 하나둘 눈에 들어왔다.

우선 조현병 환자라고 하기에는 항정신병 약제에 너무 민감했고 부작용이 많이 나타났다. 루이소체 치매도 환시 등의 증상을 치료하기 위해 항정신병 약제를 사용한다. 하지만 조현병과 달리 극히 소량으로 시작하며 증량도 아주 천천히 신중하게 결정한다. 루이소체 치매라는 병 자체가 파킨슨병과 연관이 있어서 항정신병 약제를 먹으면 파킨슨병 증상이 나타나 점점 악화하기 때문이다. 그런 까닭에 파킨슨병 약물치료를 병행하기도 한다.

루이소체 치매 환자를 괴롭히는 증상 중에는 파킨슨병 증상도 있는데, 가령 파킨슨병에서 볼 수 있는 어눌한 걸음걸이로 인해 낙상 위험이 커져 삶의 질이 떨어진다. V 할아버지는 항정신병 약제를 처방하고 나서 얼마 뒤 파킨슨병에서 보이는 종종거리는 걸음걸이가 나타났다. 그것을 보고 나는 정신감정에서 진단한 조현병이 아니라 루이소체 치매가 아닐까 하고 고민했다. 결국 기억력 검사,

MRI검사 등 여러 가지 검사와 증상을 종합해 V 할아버지를 조현병이 아닌 루이소체 치매로 진단했고 치매 약을 같이 처방했다.

치매약을 먹은 뒤부터 V 할아버지는 확실히 환시나 피해망상이 줄어들었고 그동안 약을 먹어도 그다지 호전이 없던 증상이 눈에 띄게 좋아졌다. 사실 치매약은 치매를 치료해주는 약이 아니다. 다만 치매 환자가 병을 앓으며 겪을 수 있는 행동 문제 같은 여러 가지 증상을 완화하고 기억력 감소 같은 증상의 진행 속도를 늦춰준다.

V 할아버지는 답보 상태에 머물러 주치의의 마음을 답답하게 했던 피해망상, 환시 증상이 어느 정도 호전을 보였고 자신이 받은 1년 형기를 마친 뒤 좀 더 있다가 치매 전문병원으로 퇴원했다.

고령화 사회에서 노인정신질환은 우리에게 점점 더 큰 숙제로 다가올 수밖에 없다. 사법정신의학에서 노인정신질환에 대응하는 첫 단계는 정신감정으로 제대로 된 진단을 내리고 대응하기 위해 준비하는 게 아닐까 싶다.

노인을 위한 의료시설에는 언제나 많은 준비가 필요

하다. 좋은 의료기기와 노인 환자를 위한 시설을 갖추는 것은 당연하다. 그리고 가장 중요한 것은 바로 노인을 돌보는 데 숙련된 의료진이다. 더 늦기 전에 치매 국가책임제뿐 아니라 다른 공공의료 영역에서도 노인 환자에게 많은 관심을 기울였으면 하는 바람이 있다. 늙지 않는 사람은 아무도 없기 때문이다.

11

감정 자체보다 더 중요한 것

사람은 항상 더 나은 미래를 향한 희망을 품고 살아간다. 고등학교 3학년 때 나는 올해만 참으면, 대학만 가면 엄청나게 화려한 하루하루가 펼쳐질 줄 알았다. 막상 그토록 가고 싶던 대학에 들어가니 나를 기다리고 있던 것은 여태껏 접하지 않은 낯설고 어려운 공부들뿐이었다. 더구나 예과 2년을 마치고 본과로 진급한 후에는 한 과목이라도 제대로 통과하지 않으면 유급하는 상황이었고, 유급하지 않기 위해 시험을 보고 또 보는 '재시'라는 고난이 펼쳐졌다. 그때 한 친한 선배에게 이런 말을 들었다.

"원래 의대는 산 너머에 산이 있는 게 아니라 산 너머에 똥밭이 있어. 이 산만 넘으면 편하겠지 하는 생각은 아예 하지도 마."

처음 이 말을 들었을 때는 선배가 괜히 후배를 겁주려고 과장한다고 생각했는데 의대를 졸업하고 인턴, 레지던트를 마친 다음 전문의가 되자 그 선배의 말이 머리에서 떠나지 않았다. 그리고 30대를 넘어 40대가 되니 이 말은 의대뿐 아니라 인생 전체를 설명하는 엄청난 명언이 아닐까 하는 생각이 들었다.

나는 정신감정을 하면서도 '산 넘어 똥밭을 만난' 느낌을 꽤 받았다. 초진 면담을 할 때는 증상이 자명해 보여 감정이 수월하겠거니 했던 환자도 시간을 들여 생각하면 생각할수록 전혀 다른 진단명으로 귀결되는 상황이 종종 있었다. 또 진단 후에도 한 달 동안 다른 증상들이 툭툭 튀어나와 내가 생각한 그 진단명이 맞는지 헷갈릴 때도 많았다. 다양한 증상을 감별해 실제로 심신미약인지 아닌지를 판단하는 데까지 고민은 쉼 없이 이어졌다. 게다가 열심히 정신감정을 해서 재판부에 감정 결과를 제출해도 그것으로 끝이 아니다. 그 이후 더 중요한 결정들이 이어진다. 우선 재판에서 그 사람의 정신감정 결과를 받아들이는지 아닌지가 굉장히 중요하다.

재판부는 정신과 의사가 낸 결론을 그대로 인용하기도 하지만 정신감정 결과와 정반대로 결정을 내리기도 한다. 의사는 생물학적 근거를 제시하는 역할을 할 뿐이다. 그렇지만 누가 봐도 명확히 정신질환이 있고 그것으로 인해 범죄가 일어났을 때는 당연히 재판부도 정신과 의사가 낸 정신감정 결과를 증거자료로 받아들여 판결한다.

여전히 다행스런 기억

정신감정을 하는 일이 언제나 누군가의 앞날에 결정적 영향을 미칠 수 있다는 생각에 부담스러웠던 것은 사실이지만, 그래도 마냥 힘들었던 것만은 아니다. 죄를 저지른 그 자체는 나쁘지만 그게 병 때문이었다면 치료가 우선인데, 꼭 치료받아야 할 사람이 치료 기회를 얻게 된 기억은 여전히 다행스런 기억으로 남아 있다. X는 10대 후반에 처음 조현병으로 진단받은 뒤 계속 치료받은 30대 후반 남성이었다. 그는 어릴 때부터 어머니와 단둘이 살았는데 어머니가 아들을 어찌나 사랑하는지 아들이 조현병 치료를 위해 정신병원 폐쇄병동에 입원하는 것을 견디지 못했다. 그래서 아들이 조금만 좋아지면 바로 퇴원시키곤 했다.

X는 진득하게 입원치료를 해서 약물 반응을 적절히 유지하는 기간이 너무 부족해 재발이 잦았다. 그처럼 아슬아슬하게 지내던 어느 날 X는 앞에 가는 여자의 알몸을 만지면 구원받을 것이라는 하느님 음성의 환청을 듣고 길가에서 모르는 여성을 힘으로 눕히고 옷을 벗기는 행동을 하는 바람에 강간미수로 재판받게 되었다.

교도소에서 적응하지 못해 너무 힘들었다는 X는 국립법무병원에 오자 마치 자기 집처럼 편안해했다. 예전부터 정신과 병동에 자주 입원한 경험이 있어서 그럴지도 모른다. 정신감정을 마치고 돌아갈 때가 되자 그는 굉장히 아쉬워하며 어떻게 하면 국립법무병원에 다시 올 수 있느냐고 물었다.

X처럼 그렇게 대놓고 국립법무병원에 오고 싶다며 묻는 사람이 여태 없기도 했지만, 나는 X의 병력을 듣고 한번 진득하게 적어도 6개월 이상 입원치료를 하는 게 필요하지 않을까 싶었다. 사실 정신감정을 할 때는 감정 결

과나 앞으로 형량이 어떻게 될지 절대 말하지 않는 것이 원칙이다. 그런데 이상하게도 X가 딱하다는 생각이 들었다. 나는 X에게 마치 엄청난 비밀이라도 알려주는 듯 조심스레 조언했다.

"재판받을 때 판사님 말씀 잘 듣고 판사님께 '치료 잘 받을 테니 국립법무병원에 보내주세요'라고 말하세요."

X는 밝은 표정으로 감사하다며 굉장히 고마워했다. 그리고 몇 달 후 X는 정말로 국립법무병원에 왔고, 내 환자가 되었다. 병동에서 그는 가끔 답답하다고 투덜대기도 했으나 정신감정을 할 때보다 환청이 많이 줄어들고 진지하게 약을 먹어야겠다는 생각도 했다. 그래서 퇴원을 결정하는 시점에 어머니는 집으로 오길 원했지만 X는 오히려 병원으로 퇴원하라는 권유를 받아들였다. 사실 집에 가면 스스로 약을 잘 챙겨 먹어야 하고 외래 통원치료도 열심히 다녀야 한다. X는 그걸 곧바로 지키기는 힘들지도 모르니 몇 달간 연습한다는 생각으로 민간 정신병원에 좀 더 입원해 외출과 외박을 하면서 사회 적응 과정을 거치고 안정을 찾으면 진짜 퇴원해 집으로 가는 게 어떻겠느

냐는 주치의의 권고를 받아들인 것이다.

어머니는 끝까지 집으로 데려가겠다고 고집을 부렸으나 X는 이번만큼은 제대로 치료받고 싶다며 어머니를 설득했다. 정신감정 때부터 내 환자로 와서 내가 쭉 치료하고 교육한 뒤 퇴원하는 사람은 많지 않았다. 그중에서도 X처럼 어느 정도 병식을 형성하고 스스로 치료받겠다고 하는 사람은 더욱 드물기 때문에 이런 환자를 만나면 뿌듯한 마음이 든다.

치료받을 기회를 얻는다는 것

정신감정에서 심신미약 결과를 받고 재판에서 치료감호형을 선고받으면 6개월 정도 지나 국립법무병원에 입원한다. 그래서 정신감정 때 만난 환자를 다시 보기도 하는데 어떤 사람은 민망해하며 모르는 척하지만 또 어떤 사람은 이렇게 반가워할 일일까 싶을 만큼 몹시 반가워한다.

Y는 다시 만난 나를 엄청나게 반가워한 환자였다. 지적장애 환자인 Y는 자신의 아이가 운다는 이유로 벽에 던

져 결국 사망하게 한 사건으로 정신감정을 의뢰받았다. 지금도 그렇지만 Y를 감정한 4년 전에도 아동학대는 상당히 큰 사회적 이슈였다. Y는 어렸을 때 아버지에게 학대받던 아이였다. 아버지는 화물차 운전기사였는데 출장 후 집에 돌아와 가끔 만나게 되는 아들의 부족한 모습이 너무 답답했던 모양이다. Y의 아버지는 아들과 말이 통하지 않을 때마다 Y를 마구 때렸다. Y는 그런 아버지가 너무 무서워 피할 수 있으면 최대한 피하며 살았다.

특수학교를 졸업한 Y는 장애인 복지관에 다니며 같은 지적장애 환자인 여자 친구를 만났다. 그들 사이에 아이가 생겼는데 Y와 여자 친구 둘의 능력만으로는 도저히 아이를 키우며 살 수 없어서 결국 Y의 부모와 함께 살았다. 아기가 태어나자 아버지는 Y에게 더 많이 화를 냈다. 지적장애가 있는 Y 부부에게 갓난아기를 돌보는 것은 굉장히 힘든 일이었다. Y의 어머니가 도와주긴 했으나 낮에는 어머니도 돈을 벌러 나갔고 그러면 육아는 오롯이 그들 부부의 몫이었다.

전국을 돌며 화물차를 운전하는 Y의 아버지는 가끔

집에 왔는데 아기 우는 소리가 그치지 않으면 불같이 화를 내다가 Y를 마구 때렸다. Y는 아버지가 너무 무서웠다. 그리고 우는 아기를 보는 게 점점 짜증이 났다. 아기가 울 때마다 아버지에게 얻어맞자 아기도 싫고 아버지도 싫었다. Y의 지적 능력으로는 그 상황을 정확히 이해하고 대처하는 게 어려웠다.

어느 날 일을 마치고 온 아버지가 낮잠을 자고 있는데 아기가 울기 시작했다. 아무리 달래도 아기는 울음을 그치지 않았다. Y는 점점 불안해졌다. 아기가 그렇게 울어서 아버지가 화를 내면 자기가 또 맞을 게 뻔했다. 아기를 보던 Y는 아기가 울음을 그치지 않자 아기를 던져버렸다. 그것도 몇 번이나 던졌다. 결국 아기는 울음을 그쳤지만 장기 내부에 출혈이 생겨 사망했다.

정신감정을 하러 온 Y는 한눈에 보기에도 지적 능력이 떨어지는 상태였다. 면담할 때도 자신이 무슨 짓을 했는지 정확히 인지하지 못하고 그저 아버지에게 혼날 것만 걱정했다. 아기 이야기를 묻자 그는 매우 혼란스러워했다. 아기가 죽었다는 사실조차 정확히 이해하지 못하고 있었다. 답답한 마음이 드는 한편 안타까움도 느껴졌다.

Y는 지능이 간신히 60을 넘는 정도로 여러 가지 사회적 기능이 부족한 상태였다. 나는 그를 지적장애에 따른 심신미약으로 판단했다. 그리고 3개월 후 Y는 재판에서 치료감호형을 선고받고 국립법무병원에 왔다.

입원하고 몇 달 뒤 내가 담당하는 병동으로 온 Y는 나를 보고 몹시 반가워했다. 마치 어린아이가 친한 이모나 삼촌을 만나 들뜬 느낌이라고나 할까. Y처럼 내게 감정을 받은 후 나를 주치의로 만나 기뻐하는 환자를 볼 때면 이게 과연 기뻐할 일인가 싶지만, 그럼에도 치료받을 기회를 얻어 교도소가 아닌 병원으로 온 것이 다행이라는 생각도 든다. 다시 만난 그들에게 나는 "앞으로 열심히 치료받으며 잘 지내보자"는 말을 건넬 뿐이다.

태도의 차이

정신감정 이후 심신미약을 인정받아 치료감호형을 선고받으면 병원에 입원하기 때문에 얼굴을 볼 수 있지만, 그 밖에 다른 사람의 소식은 보통 신문 기사나 뉴스로 접한다. 가끔은 궁금해서 내가 먼저 찾아보기도 한다.

첫 책에 등장했던 PC방 살인 사건 가해자 김성수도 늘 궁금한 사람 중 하나였다. 그는 감정 기간 내내 죄책감으로 스트레스를 받으며 힘들어했다. 감정 기간을 마무리하며 그를 다시 돌려보낼 때, 나는 교도소에 가서도 반드시 진료를 요청해 우울증 치료를 계속하라고 권했다. 그럴 필요가 있어 보였기 때문이다.

2019년 5월 16일 검찰은 김성수에게 사형을 구형했고 2019년 6월 4일 그는 1심에서 징역 30년을 선고받았다. 항소하지 않은 그는 상고취하서○를 내고 재판 결과를 받아들였다. 내가 제출한 김성수의 정신감정 결과는 사물변별능력과 의사결정능력에 문제가 없다고 판단한 심신건재였다.

재판부는 이것을 그대로 인용했고 기자들이 재판에서 선고받고 나온 김성수에게 정신감정 결과가 심신건재인 것을 어떻게 생각하느냐고 묻자, 그는 정신감정한 의

○ 상고를 포기한다는 내용의 서류.

사의 의견을 존중할 뿐이라고 답했다.

만약 그의 마음속에 여전히 세상을 향한 원망만 가득하고 모두가 자기편이 아니라고 생각했다면 그런 대답을 하기는 어려웠으리라 조심스레 추측해본다. 물론 그를 직접 다시 만난 것이 아니라 신문 기사와 뉴스 화면으로 본 것이긴 하지만, 처음 정신감정을 하러 왔을 때 본 혼란스러운 마음이 조금은 정리된 듯한 느낌을 받았다. 그가 벌인 일을 생각하면, 평생 반성하고 뉘우치며 죗값을 치러야 할 것이다. 그리고 그 일을 위해서는 자기 행동을 객관적으로 바라볼 줄 아는 상태가 유지되어야 할 것이다. 내가 약물치료를 권하고 진료를 요청하라고 한 이유다.

반면 '어금니 아빠'로 알려진 사건 피의자는 기사를 보면서 여전히 자신의 죄를 부정하고 있구나 하는 생각이 들었다. 그는 1심에서 사형을 선고받은 뒤 억울하다고 주장해 정신감정을 하러 왔다. 정신감정을 하면서도 그는 억울한 부분만 강조했으나 그의 주장에는 정신질환에 해당하는 것이 없었다. 그저 여러 가지 혼란스러운 증상을 가장해 마구 늘어놓았을 뿐이다.

그의 이야기는 대부분 진단 기준에 부합하지 않았고 더구나 진술도 자신에게 유리한 쪽으로 자꾸만 바뀌었다. 결국 정신감정 결과는 심신건재로 나왔는데 재판부는 그것을 그대로 인용했다. 2심에서 무기징역을 선고받은 어금니 아빠는 그것도 억울하다며 항소했다. 그러나 대법원 판결은 무기징역을 그대로 확정했다.

어금니 아빠와 김성수의 차이는 '태도'에 있다. 물론 진심으로 반성하는 태도를 측정하는 도구가 따로 있는 것은 아니다. 그러나 자신이 범죄를 저지른 이유를 피해자의 탓으로 뒤집어 씌우거나 그럴듯한 말로 둘러대는 사람들에게선 진심으로 반성하는 마음이 느껴지지 않는다. 그저 변명처럼 들릴 뿐이다. 오히려 가타부타 말이 많지 않아도 "잘못했다"는 한마디에서 진심으로 반성하고 있음을 느낄 때가 있다. 그런 의미에서 같은 살인범일지라도 어금니 아빠의 반성에서는 진심이 느껴지지 않았다.

감정보다 더 중요한 후속조치

나는 2021년 12월까지 국립법무병원에서 일한 뒤 퇴직했다. 그 이유는 한마디로 설명하기엔 복잡하다. 무엇보다 일은 계속 늘어나는데 정신과 전문의 수는 그대로였기에, 일이 갈수록 힘들었다. 법무부와 병원에 이를 해결할 방도를 요청하고, 진료에 필요한 이런저런 사항을 건의하면 왜 자꾸 그런 걸 말하느냐는 비협조적인 태도만 맞닥뜨리기 일쑤였다. 그런 상황이 반복되자 나는 점점 의욕이 가라앉았고 과연 여기서 무얼 위해 일하는 것인가 하는 생각이 커졌다.

가끔 환자가 좋아지는 것을 보면서 보람을 느끼고 나마저 이 험한 곳을 떠나면 누가 일할까 싶은 마음으로 버티기는 했으나 그 상태로 장기간 견뎌내기는 힘들었다. 의사로서 점점 자존감이 떨어지고 하루하루 지날수록 버티는 게 너무 버거워 결국 나는 그곳을 떠나왔다.

물론 사직한 뒤에도 내가 정신감정한 사람들의 소식이 궁금할 때면 일부러 검색해 찾아보곤 한다. 가장 최근에는 내가 많이 안타깝게 여기던 환자의 소식을 뉴스에서 접했다.

Z는 명문대를 나온 청년이었다. 고등학교 때까지 그

는 우수한 성적으로 어머니의 기대에 부응한 자랑스러운 아들이자 아버지가 없는 환경에서도 씩씩하게 자기 할 일을 다 하는 착한 아들이었다. 그러던 그가 조금씩 달라지기 시작했다.

대학에 가니 모든 친구가 우수했고 Z가 느끼기에 그들 모두가 자기보다 잘난 것 같았다. 학년이 올라갈수록 학점도 잘 나오지 않았다. Z는 유학도 가고 싶었고 좋은 곳에 취업도 하고 싶었다. 무엇보다 자신만 바라보는 어머니의 기대에 부응하고 싶었다. 지도 교수에게 자신의 고민을 상담하니 충분히 할 수 있을 거라며 격려했다. Z는 그 교수처럼 되고 싶어 밤을 새워 공부하며 노력했다.

그런데 그 지도 교수가 다른 대학으로 가기 위해 학교를 그만두고 말았다. Z는 마치 아버지를 잃은 것처럼 큰 충격에 빠졌다. 세상 모든 사람이 자신을 방해하는 것 같은 생각마저 들었다. 결국 그는 휴학했다.

휴학한 후 그는 초등학생을 가르치는 학원 강사로 일했다. 그곳에서는 명문 공대생 이력 덕분에 크게 환영받았으나 막상 일은 힘들기만 했다. 겨우 몇 개월을 버티고 그만둔 Z는 외국에 다녀오면 마음도 다잡고 상황도 좋아질 것 같다는 생각이 들었다. 그러나 어머니가 대학 학비도 간신히 감당하던 터라 유학은 곤란한 처지였다.

여러 방면으로 알아본 끝에 그는 해외로 워킹홀리데이를 가기로 했다. 홀로 떠난 그곳에서 돈을 벌기 위해 농장에서 일했는데 어느 날부터 Z의 귀에 개가 말하는 소리가 들리기 시작했다. 개가 욕도 하고 미래를 예언하기도 했다. 자신에게 일을 준 주인 부부가 사실은 악마라는 말도 속삭였다. Z는 혼란스러웠다. 왜 그런 소리가 들리는지도 모르겠고 어떻게 대처해야 할지도 잘 몰랐다.

겨우겨우 한국에 돌아왔지만 집에 온 이후에도 계속 악마의 소리가 들렸다. 그때부터 그는 집 밖에 나가지 않고 온종일 집에서 담배를 피우며 컴퓨터 게임에 몰두했다. 하루아침에 폐인으로 바뀐 아들을 보며 어머니는 답답해서 어쩔 줄 몰라 했다. 아들을 붙잡고 혼내기도 하고 울기도 하고 달래기도 했으나 아들은 초점 없는 눈빛으로 허공을 바라보며 혼자 중얼거릴 뿐이었다.

아마도 어머니는 아들의 병을 몰랐던 듯하다. 재판 증

거자료로 첨부한 가족 간의 문자 메시지에는 집에 처박혀 있는 아들이 한심하기도 하지만 너무 걱정스럽다는 어머니의 절절한 마음이 잘 나타나 있었다. 그런데 원인을 모르니 제대로 된 해결책이 있을 리 없었다.

어머니가 그저 다그치기만 하자 Z의 귀에 어머니가 악마라는 환청이 들려왔다. Z의 귀에 계속해서 '지금 옆에 있는 어머니는 진짜 네 어머니가 아니야. 저 사람을 죽여야만 진짜 네 어머니가 살아올 거야'라는 소리가 들렸고, Z는 친어머니를 살리기 위해 가짜 어머니를 죽여야겠다고 결심했다. 어느 겨울날 새벽 그는 그 계획을 실행에 옮겼다. 그는 망치를 들고 자신이 생각하는 가짜 어머니를 마구 때렸고 어머니가 사망하자 그 길로 차를 몰고 서울로 올라갔다. 어느덧 차를 길가에 버려두고 차에서 내린 그는 서울의 어느 도로에서 어머니를 죽였다며 횡설수설하다가 경찰에 붙잡혔다.

Z는 정신감정을 하면서도 환청 때문에 거의 잠을 못 자고 온종일 혼자 중얼거리는 모습이었다. 면담 때는 자꾸만 자신에게는 병이 없다며 숨기려 했다. 아마도 Z는

높은 지능 덕에 오랫동안 증상을 버텨내고 어느 정도 사회생활을 하며 지냈을 것이다.

하지만 그릇에 물을 계속 부으면 어느 순간 넘치는 것처럼 뇌가 아무리 증상을 버텨내도 언젠가는 행동으로 나타날 수밖에 없다. Z도 증상이 아슬아슬하게 찰랑거리며 버티다가 넘치면서 여러 가지 행동 증상으로 나타났고 결국 환청과 망상 증상이 뚜렷하게 드러나는 조현병 환자로 진단받았다. 그런데 Z는 끝까지 자신의 증상을 인정하지 않았고 이를 부인하며 감정을 마치고 병원을 떠났다.

Z처럼 20대 후반부터 30대 초반 남성은 사실 조현병의 호발 연령이다. 안타깝게도 그렇게 앞날이 창창한 젊은이가 정신질환 탓에 어머니까지 살해하면서 결국 한 가정이 파괴되고 말았다. Z는 징역 15년에 치료감호형을 선고받았는데 아마 국립법무병원에서 15년 동안 지내야 할 것이다. 2년이 지난 뒤 Z의 소식을 뉴스로 접하면서 한편으로는 그가 정신감정 덕에 치료감호형을 받게 되어 다행이라고 생각했다.

정신감정은 감정 자체로 끝이 아니다. 실은 그 이후가

더 중요하다. '정신감정' 하면 혹시라도 심신미약을 받아 죗값을 다 치르지 않을까 봐 걱정하는 사람이 많다. 그러나 심신미약 여부를 정확히 결정하는 과정이 정신질환으로 인한 범죄의 재발 방지에도 꼭 필요하다는 사실은 간과한다. 제대로 된 정신감정은 제대로 된 재판으로 이어지며 이는 결국 제대로 된 치료와 재범 방지로 이어진다. 그래서 정신감정은 감정 자체보다 그 이후가 더 중요하다.

12

법정으로 간 정신과 의사

가끔 왜 정신과 의사가 되었느냐는 질문을 받는다. 그 이유를 말하자면 첫 번째는 환자에게 손으로 하는 술기[○]에 자신이 없어서다. 두 번째는 어릴 때부터 나는 문과 성향이 강했는데 여러 이유로 의사라는 직업에 매력을 느껴 의대에 왔고 의학이라는 '이과의 바다'에서 '문과의 섬' 같던 정신과가 내 천직은 아닌지 조금은 건방진 생각을 했기 때문이다. 얼추 15년째 정신과 의사로 지낸 지금은 내가 감성도 별로 없고 생각보다 문과 성향도 많지 않은 모호한 사람임을 알고 있다.

○ 의사가 어떤 목적 아래 환자의 몸에 행하는 의학적 행동.

어쨌거나 나름 문학소녀였던 중학교 때까지는 법률가라는 직업에도 매력을 느꼈기에 법정을 향한 로망도 분명 있었다. 물론 현실과 로망은 엄연히 다르다는 걸 이제는 안다. 국립법무병원에서 법조인이 일하는 걸 보며 간접적으로나마 그 세계를 경험한 나는 '막상 내가 법률가가 되었어도 굉장히 힘들었겠구나' 하는 생각을 한다. 실제로 정신과 의사로서 법정에 출석할 일이 생기면서 그 깨달음은 더 강하게 다가왔다.

사실 국립법무병원에서 일할 때 법정에 처음 가본 것은 아니다. 정신과 의사로 일하면 간혹 법정에 갈 일이 생긴다. 바로 비자의非自意입원○ 때문이다. 정신과 폐쇄병동에 비자의입원을 할 경우, 입원 첫날 병원은 환자에게 '부당한 일을 당하면 인신보호제도를 이용할 수 있음'을 반드시 알려주어야 한다.

인신보호제도란 위법한 행정처분이나 어떤 개인으로

○ '강제입원'으로 알려져 있으며 보호의무자에 의한 입원과 행정입원, 응급입원으로 나뉜다.

인해 부당하게 수용시설에 갇힌 사람이 수용시설의 장長이나 운영자를 상대로 법원에 구제 신청을 하도록 보장하는 제도다. 예를 들어 기도원이나 정신요양시설 등에 나쁜 목적으로 강제로 갇히면 피해자는 법원에 인신구제청구를 할 수 있다. 정신과 병원 역시 비자의입원을 한 경우 여기에 해당한다.

실제로 간혹 병식이 없는 환자는 자신에게 병이 없는데 병원에 억지로 갇힌 것이라며 인신구제청구를 한다. 이처럼 법원에 인신구제를 신청하면 시설 관계자와 피수용자를 부르고 필요한 경우 국선 변호사도 선임해준다. 환자가 병원을 상대로 인신구제를 청구하면 담당 주치의는 관련 답변서를 제출하고 필요한 경우 직접 환자와 같이 법원에 출석한다. 나도 그 일로 법원에 가본 적이 있다.

처음 법원에 갔을 때 그저 신기하기만 했다. 법정을 드라마나 영화에서만 보았기에 마치 드라마 세트장 같은 느낌이었다. 그러나 판사 앞에서 답변 진술을 시작하자 당연하게도 '재미로 즐길 수는 없겠구나' 하는 생각이 들었다. 분위기가 어찌나 엄숙하고 경직되어 있는지 자꾸만 눈치가 보였다.

더구나 판사는 내 의학적 판단을 꼼꼼히 확인하고자 꼬치꼬치 물었고 혹시나 불법으로 환자를 강제로 입원시킨 것은 아닌지 의심하듯 질문했다. 판사로서는 당연히 해야 할 일이었겠으나 그 모든 과정이 그리 유쾌하지는 않았다. 여태껏 양심에 한 치의 부끄러움 없이 일해왔다고 자부했는데 마치 내가 잠재적 범죄자라도 된 느낌이었다.

다행히 내가 경험한 세 번의 인신구제청구는 모두 입원 절차에 아무 문제가 없었고 환자의 정신병 증상이 명확해 입원을 유지해야 한다는 결론이 나왔다. 만약 내가 정신과 의사로서 판단한 환자의 증상이나 입원 절차에 문제가 있어서 다른 결과가 나왔다면 상당히 괴롭고 불쾌했으리라 생각한다. 이런 경험 때문에 법원에 가서 증언을 하는 일이 생각보다 까다롭고 유쾌하지 않을 수 있음을 익히 알고 있었다. 그런데 국립법무병원에서 일하던 시절에는 정신감정을 많이 하기 때문에 증인으로 불려갈까 봐 노심초사하는 일이 더 늘어났다.

증인으로 불려간 기억

재판에서 정신감정 결과물은 증거자료로 활용된다. 실은 정신과 의사가 모든 재판에 증인으로 출석해 피감정인 상태를 말로 설명해야 하지만 이것이 물리적으로 불가능하기에 정신감정서라는 문서로 대신하는 것이다. 그렇지만 문서만으로는 이해하기 힘든 복잡한 내용이 포함되어 있거나 국민참여재판처럼 특수한 형태의 재판인 경우, 사회적 이슈로 떠올라 큰 주목을 받는 경우엔 정신감정한 의사를 법정으로 불러 직접 증언하게 하기도 한다.

나는 국립법무병원에서 5년 동안 일하며 딱 한 번 증인으로 불려갔다. 같이 근무하는 다른 의사들이 그 정도면 상당히 선방한 것이라며 운이 좋다고 부러워할 정도였다. 앞서 이야기했듯 법정에 증인으로 출석하는 것은 매우 부담스러운 일이라 다들 꺼린다.

우선 법정에서는 질문 공세가 펼쳐진다. 질문에 대답만 잘 하면 될 것을 무엇이 문제냐 싶겠지만, 이 질문들에 대답을 성실하게 해도 재판에 참여하는 사람들이 대부분 의학적 지식이 적거나 없는 상황이라 내게는 아주 당연한 것을 여러 번 반복해서 물어보는 통에 진이 빠지는 경험을 하게 된다. 더구나 판사, 검사, 변호사의 입장이 각각 달라서 질문이 다양하다. 무엇보다 법정에서 여러 가지 것을 다투는 과정에서 객관적 사실을 서로에게 유리한 쪽으로 몰아갈 때 휘말리지 않도록 바짝 정신을 차려야 한다.

그뿐 아니라 내가 머무는 지역 법원에서만 나를 부르는 것이 아니라 전국 법원에서 부르는 것이라 먼 지역에 출장을 가야 하는 상황이면 그만큼 체력 소모도 크고 시간과 노력을 많이 들여야 한다. 이런 까닭에 증인으로 출석해달라는 통지가 날아오면 의사들은 대부분 '혹시 사실조회서 같은 서면 답변으로 대신할 수 없느냐'고 법원에 문의하기도 한다. 그러나 법원의 증인 출석 명령은 강제력이 강해 단호하게 오라고 하면 반드시 가야 한다.

3년이 지난 지금까지도 증인으로 출석한 경험은 기억에 생생하게 남아 있다. 한겨울에 날씨도 몹시 추운 날이었다. 법원은 경기도 북부 지역에 있었는데, 국립법무병원이 있는 공주에서 대중교통으로는 가기 힘든 곳이라 족히 세 시간은 운전해야 했다.

그날따라 이상하게 컨디션이 좋지 않아 계속 기침을 콜록거리며 법원 직원의 안내를 따라 법정에 들어갔다. 성범죄 사건을 다루는 재판이었는데 피고인은 소아성애증 의심이 가는 사람이었다. 그는 감정 당시에도 아동 성추행을 반복했으면서 자신은 전혀 소아에게 성적 관심이 없다고 주장했다.

사실 그는 벌써 어린아이의 성기를 만지거나 추행해 세 번째로 잡혀 들어온 것이었다. 심지어 두 번째 사건은 소아를 만지면서 자위행위를 해 정액 DNA 증거까지 남기고 도망간 미제 사건이었는데, 세 번째 사건으로 검거되면서 미제 사건의 범인으로 지목됐다. 나는 여러 가지 정황을 종합한 결과 피고인이 소아를 성적 대상으로 여기는 것으로 판단해 정신감정을 할 때 재범 방지를 위해 성충동 약물치료가 꼭 필요하다고 권고했다.

성충동 약물치료에 불만을 드러낸 피고인은 이를 강력히 거부했다. 검사 측은 변태성욕적 취향을 반복해서 드러낸 사람이라 교도소에서 형기를 채우고 나와도 재범 위험이 줄어들지 않으리라고 판단해 성충동 약물치료를 반드시 해야 한다는 입장이었다. 변호인 측은 의뢰인이 완강히 거부하자 성충동 약물치료 청구를 반대했다. 이것을 결정하는 과정에서 치열한 접전이 벌어지자 결국 정신감정을 한 의사인 나를 부른 것이었다.

법정에서 증언하며 가장 힘들었던 점은 내가 편하게 쓰는 의학 용어를 쉬우면서도 이해가 잘 가는 말로 바꿔 설명해야 하는 일이었다. 그동안 내가 환자 상태를 설명할 때 듣는 사람은 대부분 의사 또는 간호사였다. 사실 환자 이야기는 의료 윤리상 타인에게 함부로 말하면 안 되며 치료에 필요한 경우에만 가능하다. 그래서 거의 타과 의사와 협진하거나 같은 과 의사와 환자 상태를 상의할 때 의사들이 쓰는 용어로 편하게 설명하는 것이 대다수다.

그러나 법조인은 법 전문가이기에 의사만큼 의학적 지식을 갖추기는 어렵다. 의학적 지식이 없는 보호자에게도 환자 상태를 설명하긴 하지만 이럴 때는 꼭 필요한 이야기만 선별해 풀어서 말해주면 된다. 법정 질문은 다르다. 가끔은 내가 보기에 '왜 이런 걸 묻지?' 싶은 것도 있다.

재판 흐름상 법적으로 꼭 필요해서 묻는 것일 텐데 대답하는 일이 정말 고역이다. 전문지식을 담아 자세히 이야기하되 일반인이 이해하기 쉽게 풀어서 설명해야 하니 말이다.

두 시간 이상이 걸리는 재판이 끝나갈 무렵엔 하늘이 노래지는 느낌이었다. 나중에는 손이 덜덜 떨릴 지경이었다. 정신을 붙들어 매고 끝까지 긴장을 놓지 않으려 노력했다. 재판이 끝났을 때는 워낙 긴장이 심했는지 맥이 탁 풀리는 기분이 들었다.

일을 마치고 고속도로를 달려 집으로 내려오는 길에 계속 오한과 열감이 느껴졌다. 처음에는 긴장이 풀려서 그런가 싶었으나 나중에는 온몸이 아프고 열이 나는 느낌 때문에 몹시 힘들었다. 휴게소에 들러 타이레놀을 사 먹고 간신히 집에 왔지만 몸 상태가 너무 나빠 그대로 있을 수가 없었다. 야간 의원을 찾아가 검사하니 독감이었다. 코로나19가 창궐하기 전이었기에 망정이지 정말 큰일 날 뻔했다. 마스크도 쓰지 않은 채 법원 안을 콜록거리며 돌아다닌 터라 뒤늦게 나를 만난 법원 직원들과 법정 안에 있던 사람들이 걱정스러웠던 기억이 난다.

이렇게 정신감정 의사로서 내 첫 번째 증언 기억은 생애 첫 독감 경험과 뒤섞여 아주 강렬하게 남아 있다. 그리고 어찌나 피곤했던지 그 감각이 여전히 생생해 두 번 다시 가고 싶지 않은 마음이다.

"나쁜 사람이니 무조건 구속"해야 할까

증인으로 불려갈 확률은 정신감정 건수에 비례해 높아진다. 같이 근무한 의료부장님은 거의 8년을 국립법무병원에서 일했다. 그래서 그런지 크고 작은 사건에 증인으로 출석한 경험이 아주 많았다. 그분이 근무 중 가장 마지막으로 출석한 사건이 바로 진주 방화 사건의 피의자 안인득 재판이다.

안인득은 피해망상이 머릿속에 가득 찬 상태였고 재판 중에도 자신은 거대한 음모의 피해자라는 생각에 억울함을 호소하기 위해 스스로 국민참여재판을 신청했다. 알다시피 이 사건은 피해자가 너무 많았고 굉장히 끔찍했기 때문에 당시 많은 사람이 관심을 보이고 있었다.

사실 정신과 의사가 볼 때 안인득은 전형적인 조현병 환자다. 그는 제때 치료받지 못해 피해망상과 환청을 조절할 수 없었고 그 결과 범죄가 일어났다. 그래서 정신감정 결과는 심신미약이었다.

그러나 국민 여론은 그렇지 않았다. 그런 흉악한 범죄자에게 심신미약이라는 면죄부를 주다니 말도 안 된다는 분위기였다. 검사나 배심원 또한 안인득이 심신미약으로 감형받는 상황을 만들어 비난받고 싶어 하지 않을 터였다. 이럴 때 증인으로 참석해야 하는 정신과 의사는 그 사람이 정신의학상 분명한 환자이고 증상 탓에 범죄를 일으킨 것이라 심신미약으로 판단할 수밖에 없는 이 상황을 어떻게 설명하고 설득해야 할지 깊은 고민에 빠진다.

재판 도중에도 안인득은 환청과 계속 대화하면서 중얼거리고 자신은 진주시가 꾸민 거대한 음모의 피해자라고 소리치는 행동을 했다고 한다. 증인으로 참석해 이 모습을 목격한 의료부장님은 전형적인 조현병 증상임을 여러 차례 호소했다. 그가 범죄를 저지른 원인은 정신질환 증상에 있고 이는 "나쁜 사람이니 무조건 구속"으로는 해결할 수 없다는 말을 쉼 없이 했다. 또한 정신과 의사 입장에서 안인득의 병을 인정하고 치료 기회를 주어야 하며 그것만이 진정 반성하게 하는 방법이라고 줄기차게 주장했다. 그러나 재판에 참여한 사람들은 대부분 그렇게 생각하지 않았다.

2020년 10월 대법원은 안인득의 최종 판결을 확정했다. 국민참여재판으로 진행한 1심은 안인득에게 사형을 선고했다. 당시 배심원은 만장일치로 안인득을 유죄로 판단했다. 배심원 9명 중 8명이 사형을, 1명이 무기징역을 결정했다. 2심에서는 사건 당시 안인득이 심신미약 상태였음을 인정해 무기징역으로 감형해 선고했는데 대법원은 2심 결과를 그대로 인정했다.

나는 그가 치료감호형을 받아 국립법무병원에서 치료를 받았다면 어땠을까 생각해본다. 그 편이 그가 반성하도록 이끄는 데 더 도움이 되지 않았을까? 그가 평생을 교도소에 있다 한들 제대로 된 정신과 약물치료가 없으면 피해망상은 좋아지지 않을 테고, 제대로 된 반성도 이뤄지지 않을 가능성이 크니 말이다.

안인득의 경우 그나마 2심에서 심신미약이 받아들여 진 것은 정신감정을 담당한 정신과 의사가 혹시라도 사람들이 범죄자를 감싸는 것으로 여기면 어쩌나 걱정하거나 눈치를 보지 않고 직업적 소명을 다한 결과다. 세상 사람이 비난해도 진정한 반성을 위한 과정을 제대로 밟게 하기 위해서는 반드시 치료가 필요하다고 본 것이다. 의사로서 여태껏 배운 전문지식, 환자를 보며 쌓은 임상 경험을 토대로 자신의 의견을 세상에 내놓는 데 '소명'을 끌어와야 하다니, 정신질환을 향한 편견과 오해가 여전히 만연하다는 방증이다.

정신질환자의 경우 재판에서 자신의 의견을 제대로 표현하는 일이 어려울 때도 많다. 예전에 인신구제청구 건으로 법정에 갔을 때 내 차례가 오기 전에 법정에서 다른 재판을 구경하고 있는데 마침 정신질환자로 보이는 사람이 피고인이었다. 혼자 계속 알 수 없는 소리를 중얼거리고 부적절하게 큰 소리를 내는 모습이 한눈에도 조현병인가 싶었다. 나는 안타깝기도 하고 궁금하기도 해서 주의 깊게 지켜보았다.

재판을 시작하면 먼저 판사가 피고인에게 주민등록번호로 피고인의 신분을 확인한다. 그런데 피고인은 인지능력이 떨어지는지 주민등록번호를 제대로 대답하지 못해 이름을 말하고 신분을 확인하는 데만 족히 15분이 넘게 걸렸다. 판사도 인간인지라 피고인의 모습을 보면서 화를 억누르느라 애쓰는 게 방청석에 앉은 내 눈에도 보였다.

그렇게 재판이 계속 지연되더니 결국 그 재판은 열리지 못했고 다른 날짜로 연기되었다. 이처럼 환자의 정신질환 증상이 심해 의사 표현을 제대로 하지 못하는 상황이 발생할 때, 의료인이 아닌 법조인이 재판장에서 환자의 상황을 완벽히 파악하기는 힘들다. 그래서 환자를 대변하기 위해서라도 감정한 정신과 의사가 재판장에 출석하는 경우가 생긴다.

재판에 증인으로 출석하는 것은 정신감정을 수행한 정신과 의사가 충분히 할 수 있는 일이며 또 해야 하는 일이다. 현실적으로 그리 내키지 않겠지만 필요하다면 가야 한다. 환자를 도울 수 있는 일이기도 하기 때문이다. 그러나 다른 한편으로 대다수 정신과 의사가 이를 꺼리는 이유도 납득이 간다. 그 점에서 우리 사회가 좀 더 전문가의 증언을 존중하는 분위기로 나아갔으면 한다. 이는 비단 정신과 의사에게만 해당하는 이야기는 아닐 것이다.

13

나와 우리를 위한 정신감정

첫 책을 내고 감사하게도 많은 사람의 관심을 받았다. 책을 홍보하기 위해 매체와 인터뷰하는 일, 북토크에서 국립법무병원에 관한 이야기를 나누는 일, 책을 읽은 분들이 풀어내는 소회를 듣는 일이 모두 뜻깊고 소중했다.

동시에 여전히 많은 사람에게 치료감호나 정신질환 범죄, 정신감정 분야에 관해 편견이 있음을 새삼 깨달았다. 특히 불특정 다수를 대상으로 하는 유튜브에 달린 댓글을 볼 때면 정신질환 범죄를 내가 전혀 생각지 못한 시각으로 바라보는 사람이 많다는 것을 알게 된다.

'육아빠'로 유명한 정우열 정신과 전문의께서 자신이 운영하는 유튜브 채널 방송에 초대해 출연한 적이 있다.

워낙 구독자 수가 많고 사람들이 좋아하는 채널이라 조금 무거울 법한 주제를 이야기해야 하는 나로서는 걱정스럽긴 했으나 그냥 편하게 사는 이야기를 하면 된다는 말씀에 출연을 결심했다. 대화는 자연스레 첫 책 이야기로 흘러갔고 정신질환 범죄에 관한 평소 내 소신과 경험을 허심탄회하게 풀어냈다.

방송 내용 중에는 정신감정에 관한 이야기도 포함되어 있었다. 나는 주로 정신감정이란 무엇이고 정신질환이 있는 사람이 범죄를 저질렀을 때 왜 정신감정이 필요한지 들려주었다. 어쩌면 정신과 의사로서 범죄를 저지른 정신질환자를 '애처롭게'만 설명했는지도 모르겠다. '이 이야기를 할 때면 언제나 조심스러워지지만 죗값의 진짜 의미를 생각해보자'고 거듭 얘기했다. '본인이 저지른 일이 정말로 잘못된 것임을 알고 그에 관해 진심으로 뉘우치고 속죄하고 반성하는 것이야말로 진짜 죗값을 치르는 일 아닐까. 그러기 위해서는 정확하고 과학적인 정신감정과 후속조치가 반드시 필요하다. 후속조치는 치료가 필요한 사람에게 치료를 제공하고, 자신의 죄를 인정하며 반성하게 하는 것이지 않을까.' 유튜브 방송에서도 나는 이런 취지로 이야기했다. 범죄를 저지른 것 자체를 옹호할 생각은, 당연히 없었다.

그러나 이후 방송 클립에 달린 댓글을 보니 '그래도 정신감정 결과로 나온 심신미약은 정말 받아들이기 힘들다'는 내용이 많았다. 심신미약을 받아들이는 법이 문제이고 어쨌든 흉악 범죄는 잘못된 것이므로 감형을 위해 심신미약을 적용하면 안 된다는 것이었다. 범죄의 원인이 정신질환일지라도 다를 게 없으므로 최대한 명분을 주면 안 되며 이런저런 사정을 다 봐주면 끝이 없는데 왜 정신과 의사는 병이라면서 봐주려고만 하느냐는 울분에 찬 댓글도 있었다.

실은 이런 댓글을 처음 본 것은 아니다. 책을 낸 뒤 인터뷰 기사에 달린 댓글에서도 나는 그런 반응을 심심치 않게 경험했다. 그래서 당황스럽지는 않았으나 여전히 사람들의 시선이 변하지 않았다는 사실이 조금은 서글펐다.

변명 아닌 변명을 하자면 정신감정 제도의 목적은 죄를 감하는 데 있지 않다. 오히려 죗값을 제대로 치르게 하려는 것이 목적이다. 나는 이것이 죄를 저지른 사람에게 가장 합당하고 적절한 처벌을 찾기 위해 만든 제도라고 생각한다.

중증 정신질환자가 증상을 원인으로 범죄를 저질렀을 때 가장 큰 문제는 자신이 저지른 범죄의 의미가 무엇인지, 왜 그런 일을 저질렀는지 제대로 인식하거나 이해하지 못한다는 점이다. 아니, 인식하거나 이해하지 못한다는 것도 정확한 표현이 아니다. 자기 증상의 세계에 갇혀 사는 본인은 인식하거나 이해할 수도 있다. 문제는 그 세계가 일반적인 상식을 바탕으로 살아가는 우리에게는 결코 닿을 수 없는 곳에 있다는 점이다.

그런 까닭에 그들이 범죄 자체를 제대로 인식하고, 그들에게 죗값을 정확히 물으려면 정신감정 절차가 필요하다. 그 사람이 왜 범죄를 저질렀는지는 정신의학 측면에서 면밀하게 평가해야 알 수 있다. 그만큼 정신감정은 덮어놓고 무작정 '정신질환이 있으니 없던 일로 해주세요'를 요구하는 일이 아니다.

정신감정의 가장 중요한 판단 기준

대한민국에서 정신감정서는 재판에서 증언을 대신한다. 그러나 증거 채택 여부는 판사의 재량에 달려 있다. 판사는 최종 판단할 때 증거 중 하나인 정신감정을 참고할 뿐 반드시 그 결과에 따라야 하는 것은 아니다. 법 시각으로 피감정인의 형사책임능력을 평가할 때는 '예스'와 '노'처럼 책임이 있는지 없는지 명확히 선택해야 한다. 반면 정신과 의사의 평가 관점에서 정신질환은 스펙트럼의 산물이다. 범주의 형태라는 말이다. 피감정인의 형사책임능력 역시 연속선상에서 평가한다.

이를테면 형사책임능력이 100인지, 0인지로 보는 것이 아니라 '50만큼 있다' 혹은 '30만큼 있다' 개념으로 본다. 이런 점 때문에 법조인은 증상을 늘 드러내는 게 아닌 정신질환자의 상태에 간혹 의문을 보인다. 그러니까 심신미약을 받을 정도라면 24시간 내내 뭔가 이상한 행동을 해야 하는 것 아니냐는 논리다.

그러나 형사책임능력 유무를 논할 때는 '범죄 순간'을 기준으로 판단해야 한다. 다른 일상생활을 제대로 하지 못하거나 평상시에 증상을 드러내는 것은 정신감정에서 그저 참고만 할 뿐이다. 일상생활에서 증상이 없었다고 사건 당시에도 그 사람이 멀쩡했을 거라며 이를 '형사책임능력이 있다'는 결론과 연관 지으면 안 된다.

판단 기준에서 중요한 것은 바로 '사건 당시'다. 정신질환자일지라도 그 사람이 온종일 증상에 휩싸이는 상태가 아닐 수 있다. 상황을 판단하고 옳고 그름을 구분하는 능력이 '언제나' 부족한 것은 아니다. 특정 사건을 저지른 바로 '그 순간'에만 변별능력에 문제가 생길 수도 있다.

이 모든 것을 구분하기 위해서는 정신의학 측면에서 사건이 발생한 순간을 면밀하게 검토해야 한다. 이것이 바로 정신감정이다.

국립법무병원에서 근무할 때 나는 형사정신감정을 수행하는 동시에 연구도 진행했다. 연구 대상은 2016년부터 2018년까지 2년간 국립법무병원이 의뢰받은 총 806건의 형사정신감정이었는데, 여러 연구 항목 중 내가 가장 궁금했던 것은 과연 정신과 의사의 감정 결과와 판사의 판결 결과가 얼마나 일치하는가 하는 점이었다. 결과를 말하면 91퍼센트는 일치했고 나머지 9퍼센트가 불일치했다.

다시 말해 정신과 의사가 심신미약이라고 했을 때 판사가 최종 판결에서 피의자에게 심신미약이라고 할 확률이 91퍼센트라는 얘기다. 불일치한 9퍼센트에 해당하는 내용을 살펴보니 정신과 의사는 심신미약으로 판단했으나 법적 관점에서는 좀 더 엄격히 판단해 결국 재판에서 심신미약을 인정하지 않은 사례가 많았다. 단 2건이 오히려 반대로 정신과 의사는 심신건재라고 결론을 냈지만 재판에서 판사는 형사책임능력에 문제가 있다고 보고 심신미약으로 판단했다.

과거에 여러 기관에서 정신감정 결과를 연구한 것도 있다. 1980년대 연구에서는 일치율이 약 40퍼센트로 나타났고 1990년 연구에서는 53.3퍼센트만 정신과 의사와 판사의 의견이 일치했다. 국립법무병원에 의뢰한 형사정신감정을 대상으로 한 2000년 연구에서는 60.7퍼센트가 일치했다. 이처럼 최근 연구 결과를 보면 감정 결과와 판결의 일치율이 과거에 비해 상당히 높아졌음을 알 수 있다.

가장 난감한 순간

정신감정을 하는 정신과 의사 입장에서 가장 난감한 때는 정신의학상 심신건재로 보이는데 재판에서 심신미약이라고 하는 경우다. 더구나 이런 사람이 입원치료를 위해 국립법무병원에 오면 정신과 의사가 치료할 때 상당히 힘들다.

A가 바로 그런 사례다. A는 어린 시절부터 남과 자주 싸운 아이였다. 부모가 이혼한 뒤 보육시설에 들어갔는데 부모 없이 산다는 이유로 학교에서 왕따를 당했다. A는 학교생활이 재미없었고 학교에서 만나는 사람도 모두 싫었다. 그래서 툭하면 선생님에게도 대들기 일쑤였고 심지어 중학교 때는 학교 운동장에 불을 지르겠다고 난동을 부리기도 했다. 여러 가지 사건을 일으키면서 A는 소년원도 다녀오고 정신과 치료도 권유받았으나 공격성은 그다지 좋아지지 않았다.

A는 고등학교 때 처음 담임 선생님의 적극적인 권유로 정신과 병원에서 입원치료를 받았다. 하지만 병원 안에서 주치의가 담배를 피우지 못하게 한다는 이유로 의사

를 심하게 폭행해 결국 강제 퇴원을 당했다.

A의 이 모든 증상은 언뜻 심한 정신질환 증상 때문으로 보일 수 있으나 사실은 환청이나 피해망상처럼 치료가 가능한 정신병적 증상이 원인은 아니었다. A는 반사회적 성격 경향이 매우 강한 사람이었다. 다시 말해 많은 범죄자가 그러하듯 사이코패스 기질을 타고나는 바람에 저지른 행동들이었다.

결국 A는 성인이 된 후에도 여러 건의 폭행 사건으로 교도소에 들어갔다. 그는 교도소 안에서도 자기가 원하는 대로 하지 않는다며 다른 수감자에게 손찌검을 했고 심지어 이를 말리는 교도관까지 폭행했다. 사실 교도소에는 이런 정도로(교도관까지 폭행할 정도로) 심한 공격성을 보이는 수감자가 생각보다 많지는 않다고 한다. 경찰은 혹시나 A의 행동이 그동안 몰랐던 정신질환 증상 때문인지 알아보기 위해 정신감정을 의뢰했다.

감정 기간 동안 A는 처음 하루 이틀은 눈치를 좀 보는 듯하더니 병동에서 자신이 원하는 대로 해주지 않는다며 직원을 폭행했다. 과거부터 살펴보면 그의 폭력성은 대부분 상대방이 자신이 원하는 대로 하지 않는다는 것에서 기인한다. 학교에서는 선생님과 친구들이 자기 말을 들어주지 않아 때렸고 교도소에서는 교도관들이 자기 말을 들어주지 않아 때렸다. 병원에서는 병동 직원들이 자기 말을 들어주지 않아 화가 나서 폭행을 저질렀다고 했다.

누구나 다른 사람이 내 요구를 들어주지 않으면 기분이 좋지 않다. 그렇다고 상대방을 덮어놓고 때리지는 않는다. 다른 사람들과 함께 살아가는 세상에서 늘 내 요구를 관철하며 살 수는 없다. 내 욕구가 중요한 만큼 다른 사람 욕구도 중요하다. 내 욕구, 내가 하고 싶은 행동이 사회의 잣대에 어긋나면 참아야 한다. 그러지 않고 모든 사람이 자신의 욕망만 추구하면 사회는 혼란에 빠지고 말 것이다. 법이 존재하는 이유가 여기에 있다.

"그냥, 거슬려서"

사람은 지극히 본능적이라 그것을 적절히 표출하기 위해 어릴 때부터 교육을 받는다. 악하게 태어나서 그런 게 아니다. 어느 생명체나 그러하듯 인간은 아기 때부터 날것 그대로의 본능을 장착한 상태다. 그리고 점점 성장하며 일차적으로는 가정에서, 나이가 들면 학교에 가서 교육받는다. 그와 동시에 친구나 다른 사람들과의 관계에서 사회통념을 배우고 익히며 다듬어진다. 그것이 안 되면, 더구나 모두가 그러하면 사회는 혼란에 빠질 수밖에 없다.

그런 면에서 A는 항상 왜 내 마음대로 하지 못하게 하느냐며 불만을 품고 다른 사람을 때렸다. 이는 최소한의 사회통념조차 지키려고 노력하지 않는 태도다. A는 일상생활을 하는 데 전혀 문제가 없었고 어떤 것이 옳고 그른지 충분히 이해했다. 그가 보이는 공격성과 충동성은 정신질환 때문이 아니었다. 이것은 나쁜 마음을 조절하려 노력하지 않는 태도와 기질의 문제였다.

국립법무병원에서 A를 정신감정한 결과는 형사책임능력이 온전한 심신건재였다. 이는 A의 행동이 정신의학상 치료 가능한 증상에 해당하지 않으며 그는 스스로 자기 행동에 책임질 능력이 충분하다는 것을 의미한다. 그런데 법적 관점에서는 결론이 조금 달랐다. 결국 A는 재판에서 최종적으로 심신미약에 치료감호형까지 선고받아 국립법무병원에 입원했다. 이것은 재판에서 법적 시각을 우선시해 판결한 것이다.

정신의학상 반사회성 성격장애, 즉 사이코패스는 병동에 입원시켜 치료하는 것을 별로 권고하지 않는다. 병동 안의 치료 환경을 해칠뿐더러 다른 환자나 의료진에게도 공격적이고 착취적 행동을 해서 피해자를 만들 수 있기 때문이다. 그래서 반사회성 성격장애 경향을 보이는 사람은 정신과 폐쇄병동보다 교도소에 수용할 것을 권한다.

우려한 대로 A는 입원하고 한 달 후부터 또다시 원래 행동 패턴처럼 자신이 원하는 바를 무리하게 요구했다. 그것을 들어주지 않으면 상대가 누구든 가리지 않고 때리거나 물건을 집어 던졌다. 이럴 때 정신과 병동에서 할 수 있는 대책은 몇 없다.

우선 충동성을 줄일 수 있는 약물을 최대한 증량한다. 또한 자타해自他害 위험[⬠]성으로부터 스스로와 다른 사람들을 보호하기 위해 격리실에 격리하거나 격리만으로도 조

⬠ 자신이나 타인을 해칠 위험.

절되지 않으면 강박 조치까지 한다. A는 약물을 충분히 증량해 복용하게 하면서 전보다 조금 안정되긴 한 상태였지만 언제 그의 공격성이 발현될지 몰라 병동 직원은 항상 면밀하게 관찰하며 지켜볼 수밖에 없었다.

일은 A가 격리실에 들어갔다가 나온 지 보름쯤 지난 어느 날 벌어졌다. 아슬아슬하긴 해도 보름 동안은 병동에서 다른 사람들과 그럭저럭 큰 문제없이 지냈다. 그날 점심을 먹고 오후 2시쯤 되었을 때 갑자기 병동 한쪽에서 쿵 하는 소리가 들려왔다. 정신과 병동에서 나는 큰 소리는 대부분 나쁜 일과 연관되어 있다.

아니나 다를까 A가 씩씩거리며 서 있고 그 앞에는 60대 남자 환자가 쓰러져 있었다. 쓰러진 환자는 이미 의식이 없었고 급히 인근 대학병원으로 옮겼으나 뇌출혈 때문에 언제 깨어날지 모르는 상태였다. A에게 왜 갑자기 이런 짓을 했느냐고 묻자 대답은 간단명료했다.

"그냥, 내 앞을 지나가는데 거슬려서."

이 말을 들은 병원 사람들은 다들 할 말을 잃었다.

정신감정은 감형을 위한 제도가 아니다

국립법무병원은 범죄자를 수용하는 기관이지만 동시에 정신질환자를 치료하는 병원이기에 정신과 병동과 비슷한 환경을 유지한다. 어디까지나 치료 공간이고 함께 지내는 사람들은 대개 정신질환을 앓고 있어서 취약한 편이다. 게다가 A 같은 행동은 정신과 병동에서 오랫동안 입원 치료를 받는다고 낫는 성질의 것이 아니다. 정신과 약물 치료를 오래 한다고 완전히 좋아질 수 있는 것도 아니다. A를 감정한 정신과 의사는 이 모든 것을 고려해 반사회성 성향 탓에 더더욱 치료감호에 맞지 않는다는 감정 결과를 낸 것이었다.

물론 A를 국립법무병원에 보낸 법원이 잘못한 것만도 아니다. 분명 A는 안정적인 환경에서 오래 돌봄을 받아본 경험이 없었고 이를 경험하면 어느 정도 개선의 여지도 있었을 것이다. 하지만 모든 일에는 가성비라는 게 있다. 언제 어디에서 다른 환자나 의료진에게 폭력성을 드러낼지 모르는 A를 정신과 병동에서 품고 가는 것은 너무 위험 부담이 크다. 이런 것을 자세히 알아보고 고려하는 과정이 바로 정신감정이다.

정신감정은 범죄인 도피를 돕기 위해 만든 제도가 아니다. 피고인이나 변호인이 심신미약 혹은 심신상실을 주장한다고 그것이 무조건 받아들여지는 것도 아니다. 그럼에도 불구하고 대중이 '정신감정' 하면 거부감을 보이는 것은 아직 정신감정의 표준적 기준이 존재하지 않아 신뢰받지 못하기 때문이라고 생각한다.

워낙 정신감정을 두고 말이 많고 욕을 먹기도 하니까 차라리 심신미약 관련 조항인 형법 제10조를 없애거나 아예 정신감정을 하지 않는 게 낫지 않을까 하고 생각한 적이 있다. 그러나 그런 극단적인 방법은 대안이 될 수 없을 것이다. 우선 필요한 것은, 전문가들이 정신감정 관련 기준을 표준화하고 정확히 만드는 작업을 하는 것이다. 지금껏 심신미약을 악용한 사람들의 예처럼 정신감정을 이용해 처벌받지 않으려고 하는 사람을 충분히 거르도록 심신상실과 심신미약, 심신건재를 좀 더 명확히 구분하는 객관적이고 중립적인 세부 기준을 만드는 과정이 필요하다.

그리고 바라건대, 이 책을 모두 읽은 분이라면 뉴스에 정신감정에 관한 이야기가 등장할 때 한번만 '왜'일지를 생각해주었으면 한다. 덮어놓고 '형량을 줄이려 한다', '또 심신미약 타령이냐' 하기 전에 현장에서 면밀하게 검사하고 신중하게 결론을 내리려 분투하는 사람들이 있음을 기억해주시길 간곡히 바란다.

정신감정 분야의 현실을 보자면 아직 갈 길이 멀다. 현재까지는 국내 사법정신의학의 기반도 매우 취약할뿐더러 향후 발전을 위한 지원도 미약하다. 특히 형사정신감정은 일반 정신과 진료와 차이가 있어서 정신건강의학과 전문의 중에서도 형사재판에서 요구하는 감정 사항을 잘 아는 감정의사가 정신감정을 하는 것이 좋다. 이를 위해 정신감정의 전문성과 특수성을 고려해 사법정신의학 영역에서 전문성을 마음껏 발휘할 정신건강의학과 전문의를 양성하는 일은 지금으로서는 꿈같지만 언젠가는 꼭 필요한 일이다.

정신감정은 사법정신의학과 정신질환자 범죄를 예방하기 위해서도 필요한 과정이다. 피의자의 형사책임능력 유무를 넘어 치료감호를 하느냐 마느냐의 문제까지로 이어지기 때문이다. 이것이 당장 정신질환 범죄를 예방하고 사회 안전을 구축하지는 않더라도 장기적으로는 분명 긍정적인 영향을 줄 것이라고 믿는다.

법정으로 간 정신과 의사

초판 1쇄 펴낸날 2023년 5월 22일
2쇄 펴낸날 2023년 7월 3일

지은이 차승민
펴낸이 이은정
디자인 피포엘
조판 김경진
제작 제이오

펴낸곳 도서출판 아몬드
출판등록 2021년 2월 23일 제 2021-000045호
주소 (우 10416) 경기도 고양시 일산동구 강송로 156
전화 031-922-2103 팩스 031-5176-0311
전자우편 almondbook@naver.com
페이스북 /almondbook2021 인스타그램 @almondbook

ISBN 979-11-92465-06-7 (03180)